ALISIO
L'éditeur des voix qui inspirent

Suivez notre actualité sur **www.alisio.fr** et sur les réseaux sociaux LinkedIn, Instagram, Facebook et Twitter !

Alisio s'engage pour une fabrication éco-responsable !
Notre mission : vous inspirer. Et comment le faire sans participer à la construction du meilleur des futurs possible ? C'est pourquoi nos ouvrages sont imprimés sur du papier issu de forêts gérées durablement.

Conseil éditorial : Caroline Frisou
Suivi éditorial : Émilie Choupin
Relecture-correction : Audrey Peuportier
Maquette : Jennifer Simboiselle
Design de couverture : François Lamidon
Photo de couverture : Emilie Photographie Le Monde

une marque des éditions Leduc
10, place des Cinq-Martyrs-du-Lycée-Buffon
75015 Paris
ISBN : 978-2-37935-264-5

MAÏTÉ ROPERS

Première sur Google

PROPULSER SON BUSINESS AU FÉMININ SUR LE WEB

ALISIO

SOMMAIRE

PRÉFACE

Vous voulez savoir comment Maïté Ropers peut réaliser 20 000 euros de vente en une seule semaine ? Ou bien comment elle a gagné une bouteille de champagne Dom Pérignon en quelques clics ?

Oui, l'auteure de ce livre vous réserve quelques surprises en plus de vous aider à propulser votre entreprise sur Google.

Pour ma part, la première fois que j'ai rencontré Maïté Ropers, c'était par écran interposé.

Je donnais alors un coaching en ligne, destiné aux entrepreneurs, avec mon associée Sabina. Maïté venait de rejoindre ce coaching en même temps qu'une petite dizaine d'autres personnes. L'objectif des participants avec ce coaching ? Ils désiraient tous augmenter leur chiffre d'affaires, et être plus libres de leur temps.

Le coaching durait six semaines à raison d'un rendez-vous par semaine de plus de quatre heures. C'était très intense pour les participants, comme pour moi et mon associée.

C'est donc dans ce cadre professionnel peu commun que j'ai eu le plaisir de rencontrer Maïté Ropers. J'étais sa coach business, et c'est elle qui m'a coachée.

Puisque vous tenez ce livre entre vos mains, vous allez bientôt découvrir que Maïté Ropers est une entrepreneure atypique et ambitieuse, une véritable experte dans son domaine. Et vous allez aussi découvrir l'histoire de la bouteille de champagne Dom Pérignon (qui est une histoire vraie, je le précise).

Lors du coaching, Maïté s'est tout de suite révélée comme une entrepreneure avec une réelle volonté de travailler sur elle en profondeur. Elle s'est vraiment mise à nu et n'a pas hésité à se montrer vulnérable.

Ses résultats financiers n'ont pas tardé à arriver en même temps que la libération de ses schémas inconscients. C'était autour de la quatrième ou de la cinquième semaine de coaching.

Je me souviens qu'elle a révélé devant le groupe que ce qu'elle voulait réellement accomplir avec son entreprise. Dans ma méthode, c'est ce que j'appelle « trouver sa vision ». Chaque entreprise a une vision, encore faut-il l'amener à notre conscience. Sinon on avance sans but et sans grand enthousiasme.

Maïté a donc révélé devant le groupe ce qui l'animait vraiment dans son business.

Elle avait enfin trouvé : elle voulait plus que tout aider les femmes à devenir numéro 1 sur Google grâce au référencement naturel : le SEO*[1].

C'était vraiment ça qui la faisait vibrer. Et elle voyait bien que des milliers de femmes avaient des idées incroyables, que c'était des entrepreneures talentueuses... Mais elle voyait aussi que le même problème revenait toujours.

Ce problème que Maïté a su reconnaître très vite, qui est peut-être aussi le vôtre et pour lequel elle est certainement la meilleure personne pour vous aider, est le suivant : ces femmes cheffes d'entreprise ne savaient pas comment se faire connaître naturellement et rapidement sur Internet.

Elles se tuaient souvent à la tâche, en cherchant des clients à droite, à gauche, en payant une agence marketing, de la publicité sur Facebook ou YouTube, ou encore en distribuant de bons vieux flyers.

Certaines de ces femmes entrepreneures perdaient parfois le sommeil à force de chercher comment obtenir plus de clients, sans jamais vraiment y parvenir.

Il faut dire que 30 % des entreprises font faillite avant leur troisième année d'existence et que celles qui résistent peinent à être rentables. Autant dire que Maïté avait repéré un problème de taille : faire connaître son entreprise est vital pour durer dans le temps.

---

1. Retrouvez les mots suivis d'un astérisque dans le glossaire page 267.

Mais pendant le coaching, elle ne s'est pas arrêtée là dans sa révélation.

Elle a enchaîné en racontant que, faire connaître les entreprises sur Internet, c'était son talent, qu'elle savait exactement comment les rendre visibles : en les faisant devenir numéro 1 du plus grand moteur de recherche au monde... Google.

Pour cela, elle s'appuie sur une technique dont elle est experte : le SEO, aussi appelé « référencement naturel ».

Et elle a fini en ajoutant qu'elle voulait se focaliser sur un certain type d'entrepreneurs, les femmes, parce que c'est ce qui l'animait le plus et pour une raison très simple : elle aussi avait eu des difficultés à se faire connaître au tout début de son parcours d'entrepreneure.

Maintenant, elle souhaitait aider les autres entrepreneures à diffuser leur message au plus grand nombre.

Depuis presque dix ans, j'ai aidé plusieurs milliers de chefs d'entreprise à devenir libres financièrement en augmentant leur chiffre d'affaires. J'ai donc tout de suite vu que Maïté tenait sa vision et que le concept était simple et excellent.

Nous étions d'ailleurs tous convaincus que son chiffre à elle allait facilement doubler en se focalisant sur sa passion : aider les femmes à devenir numéro 1 de Google.

Son histoire et son envie ont aussi tout de suite résonné avec mon parcours car le SEO est ce qui m'a permis, lorsque j'ai lancé mon premier business sur Internet, de quitter mon emploi de salariée à Paris.

Il faut dire qu'il y a quelques années, j'étais encore consultante dans un cabinet de conseil dans le quartier de la Défense. En parallèle de mon CDI, j'ai lancé un petit blog fitness et pour me faire connaître, j'ai très vite compris que Google devait être mon ami.

Comme le livre de Maïté Ropers n'était pas encore publié, j'ai passé des heures à me former pour devenir première de Google dans ma thématique. Objectif que j'ai atteint en quelques mois de travail acharné. Et c'est à ce moment-là que mon chiffre d'affaires a commencé à décoller, sans dépenses publicitaires, simplement avec le SEO.

Après plusieurs mois et beaucoup de nuits blanches, mon petit blog de fitness était numéro 1 de Google sur plusieurs mots-clés importants.

Grâce à cela, j'ai pu collaborer avec des marques internationales comme Adidas, MyProtein, ou encore Reebok. Cela m'a également permis de dégager un revenu mensuel plus important que mon salaire de consultante.

J'ai pu quitter mon emploi pour devenir libre de mon temps et ainsi développer mon entreprise.

Aujourd'hui, j'utilise toujours le référencement naturel pour chacune de mes entreprises que ce soit dans le coaching en ligne avec la marque Margaux Klein qui porte mon nom, ou mes différentes entreprises de *private equity* en Suisse.

En quelques années, je suis passée de salariée parisienne à multimillionnaire en Suisse. Et tout est parti d'un simple blog et d'une technique très précise : le référencement naturel.

Si j'avais connu Maïté Ropers plus tôt, j'aurais certainement gagné quelques années dans la réussite de mes entreprises. Il était donc évident que la passion de Maïté, couplée à son expertise, allait très vite être remarquée et demandée par les femmes entrepreneures.

Et c'est exactement ce qu'il s'est passé.

Tout d'abord, elle a gagné le concours que nous avons organisé avec mon associée Sabina lors du coaching. Nous avions lancé un défi à tous les participants : faire 10000 euros de vente en une semaine avec leur nouvelle vision, et leur nouveau produit 100 % aligné sur qui ils étaient et leur superpouvoir.

Et devinez quoi ?

Maïté Ropers a remporté le concours en explosant l'objectif avec plus de 20000 euros de vente. Elle venait de vendre un de ses sites extrêmement bien référencé et, bien sûr, numéro 1 sur Google en moins de quelques jours.

C'est ce que j'ai tout de suite apprécié avec Maïté : elle applique ce qu'elle enseigne, et elle réussit en transmettant ce qu'elle a elle-même appris et appliqué.

Maïté est non seulement talentueuse, mais surtout exigeante et rigoureuse dans son travail. Cela ne m'a pas étonnée lorsqu'elle a remporté le concours. Et nous étions ravies avec Sabina de lui envoyer la bouteille de champagne Dom Pérignon qui revenait au gagnant.

Une fois le coaching terminé, Maïté s'était transformée et elle avait déjà rentabilisé le prix du coaching en réalisant plus de ventes que d'habitude avec son entreprise.

Mais elle ne s'est pas arrêtée là.

Quelques semaines plus tard, je reçois dans ma boîte e-mail, un message de Maïté contenant une vidéo, je la télécharge sur mon ordinateur et je la visionne en me demandant ce qu'elle contient.

Quel n'est pas mon plaisir quand j'apprends qu'elle a explosé son chiffre d'affaires, qu'elle va certainement dépasser le million de CA si elle continue comme ça, et qu'elle est très heureuse d'avoir suivi le coaching.

Je publie sa vidéo sur ma chaîne YouTube et une autre surprise arrive peu après.

Elle m'annonce qu'elle va réaliser deux de ses rêves très prochainement : se marier avec son chéri, et publier un livre pour aider encore plus de femmes à devenir numéro 1 de Google grâce à sa méthode !

Je trouve ça vraiment excellent, et par la même occasion j'accepte sa proposition d'écrire sa préface.

Pour avoir vu l'expansion et le développement personnel et professionnel de Maïté, je sais que vous tenez entre vos mains une pépite pour devenir numéro 1 de Google.

Je ne pourrais pas vous recommander quelqu'un d'autre que Maïté Ropers pour faire connaître votre entreprise grâce au SEO.

À force de coacher, de conseiller et d'accompagner les entrepreneurs ainsi qu'en investissant dans les entreprises innovantes en Suisse, j'ai appris à reconnaître un entrepreneur talentueux quand j'en rencontre un. Maïté fait partie de cette catégorie de personnes qui ont les épaules pour emmener des milliers de personnes vers le succès avec facilité et rapidité.

Vous êtes entre de bonnes mains, et il ne vous reste plus qu'à dévorer ses conseils et à les appliquer le plus vite possible.

Margaux Klein

AVANT-PROPOS

Chère entrepreneure qui lit cet ouvrage, ce livre a été écrit avec le cœur pour vous permettre de propulser votre business féminin sur Internet.

Très souvent, il m'est demandé pourquoi est-ce que je m'adresse exclusivement aux femmes dans mes contenus. C'est simple : ça vibre en moi. Du plus loin que je me souvienne, j'ai toujours eu la sensation qu'une femme doit plus prouver dans sa vie professionnelle. Montrer plus de légitimité, de compétences, d'expertise...

Plus, plus, plus, toujours plus.

Malgré cela, je sais que si vous lisez cet ouvrage, c'est que vous faites partie de ces femmes audacieuses et ambitieuses qui croient en leurs rêves.

Bravo ! Et félicitations !

*

J'ai toujours su que je serais un jour indépendante, que je piloterais mon propre business. Je ne savais pas encore comment, mais je rêvais secrètement de construire mon succès.

Je suis née en 1986, je fais partie de cette génération qui bénéficie du combat des femmes précédentes. J'admire profondément nos aïeules qui ont œuvré pour nous permettre aujourd'hui d'être libres. Indépendantes. Autonomes.

Aujourd'hui, je me sens portée par quelque chose de plus grand que moi, qui m'anime profondément : contribuer au succès féminin. Je sais qu'à travers le référencement naturel, j'accompagne les femmes à prendre leur place sur le web. À dominer leur marché, à affirmer leur puissance, à être pleinement.

C'est un rêve de petite fille. Tout comme celui d'inspirer. Certaines fillettes rêvent d'un prince charmant s'élançant vers elle sur un superbe cheval blanc… Moi, je voulais me révéler au monde, être pleinement moi-même, et contribuer à l'essor des femmes.

*

Lorsque l'on me questionne sur la raison pour laquelle je ne m'adresse qu'aux femmes, et que l'on me demande si « ce n'est pas un peu sexiste tout de même », ma réponse est limpide. Je mets mon expertise au service des femmes entrepreneures pour les soutenir et participer à leur réussite. Quand mes clientes gagnent des premières places sur Google, je gagne aussi. Je me lance dans la danse de la joie, vraiment (en témoignent mes réseaux sociaux).

Malheureusement – et quoi que l'on en dise – une réalité subsiste dans l'entrepreneuriat féminin : l'ambition n'est pas franchement prise au sérieux. Cela m'horripile, m'agace et me désole à la fois.

Pourquoi devrions-nous jouer petit ?

Pourquoi les professionnels de la communication digitale minimisent-ils les souhaits des femmes entrepreneures ?

Pourquoi ces cheffes d'entreprise se sentent-elles infantilisées, pas entendues ou sous-estimées ?

Ce n'est pas normal. Et même scandaleux !

Voilà pourquoi je choisis de vous accompagner, femmes entrepreneures. Je comprends ce besoin d'être prise au sérieux, d'être entendue et comprise lorsque vous me dévoilez vos ambitions.

Alors, je mets mon expertise à votre service. Le cercle est vertueux : je gagne quand vous gagnez. Chaque cliente accompagnée est une pierre de plus vers ma satisfaction profonde : encourager et mettre en lumière les succès féminins.

Est-ce sexiste ? Oui, probablement.

Est-ce féministe ? Oui, également.

Toutefois, soyons claires : ce n'est pas contre le succès masculin, mais POUR contribuer au succès féminin.

Il existe tellement d'entrepreneurs dans la communication digitale aujourd'hui, que chacun est libre de s'adresser à qui il le souhaite. Il y a de la place pour tout le monde, et j'ai décidé de prendre ma place auprès des femmes ambitieuses.

Cela me fait vibrer, vraiment !

*

Souvent, lorsque je m'exprime en live sur les réseaux sociaux, mes abonnées me disent que je suis :

- magnétique ;
- passionnée ;
- inspirante ;
- pédagogue ;
- excellente oratrice.

Savez-vous pourquoi ?

Tout simplement parce que le sens que je mets derrière mes actions me porte. Tout ce que je mets en place dans mes contenus est tourné vers cet objectif de cœur : contribuer au succès féminin.

Voilà pourquoi je souhaite de tout mon être vous permettre à travers cet ouvrage de propulser votre business féminin, tout en prenant du plaisir. C'est crucial, cette notion de plaisir.

Ce livre est construit de manière à vous permettre de comprendre les trois grands principes qui vont vous amener à gagner en visibilité sur le web. Il ne tient qu'à vous de les appliquer et réussir. Notez également que tout ce qui est développé dans ce livre est aussi applicable sur les autres supports de communication du digital comme les réseaux sociaux.

Alors, du plus profond de mon cœur, je vous souhaite du succès dans votre entreprise, de la réussite, et de la visibilité !

À vous de jouer...

INTRODUCTION

Le digital, Internet, le web ! Voilà LE levier-clé de ces dernières années, pas vrai ? Avant – dans un passé finalement assez proche –, faire connaître son business répondait à des codes simples :

- le bouche-à-oreille ;
- la réputation ;
- la communication *print* (papier).

En quelques années seulement, la méthode star qui s'est imposée pour gagner en visibilité et toucher ses futurs clients, c'est Internet. La toile du web et ses milliards de sites créés chaque année.

En 2017, lorsque j'ai compris que la clé ultime pour attirer à soi des clients sans s'épuiser – comme le miel attire les abeilles – était un site Internet bien référencé ; un gigantesque « tilt » s'est imprimé dans mon cerveau. La révélation.

Vous rendez-vous compte de la portée d'Internet ? Un site sans prétention qui génère un trafic de 500 visiteurs par jour, ce sont des opportunités folles de faire grandir son chiffre d'affaires, non ?

*

Imaginez un peu.

C'est comme si vous aviez un commerce ouvert vingt-quatre heures sur vingt-quatre avec une personne disponible pour renseigner à la perfection vos prospects. Tous les jours, 500 personnes découvrent votre magasin, 500 personnes susceptibles d'acheter votre produit ou service. Soit 15 000 opportunités par mois. Cela ne se refuse pas, n'est-ce pas ?

Cette perspective, c'est le tsunami mental qui s'est abattu sur moi il y a quelques années. En tant qu'ancienne commerciale de terrain, j'ai vite compris l'enjeu et le pouvoir stratégique d'Internet pour une entreprise.

Alors, je m'y suis engouffrée. *Blogging*, création de site Internet, apprentissage de la rédaction web (l'art d'écrire pour le web, nous y reviendrons), *copywriting*, *storytelling* et bien sûr… le SEO.

Le fameux SEO dont je parle tout le temps sur mon site Internet et sur mes réseaux sociaux favoris (Instagram et Pinterest). Le SEO (*Search Engine Optimization*), c'est le référencement naturel ou l'optimisation pour les moteurs de recherche (avec Google en tête de liste). Autrement dit, le SEO est la méthode qui permet à un site Internet de se positionner dans les premiers résultats des moteurs de recherche.

*

Personnellement, je me suis littéralement prise de passion pour le SEO. J'y vois un jeu grandeur nature, un immense jeu stratégique – plus exaltant encore qu'un Monopoly en famille à un réveillon de Noël lorsque l'on possède la rue de la Paix.

En quatre ans, j'ai tout testé, tout. Pour mon compte, avec la dizaine de sites créés, pilotés, avortés, vendus, conservés... Mais aussi et surtout pour mes clientes.

Lorsque j'ai découvert l'univers du web avec le *blogging*, j'ai immédiatement compris le potentiel économique d'Internet, dans tous les domaines. J'ai donc cherché ce qui faisait la différence entre un site qui est en première place dès que l'on fait une recherche sur le web et un site qui n'apparaît jamais. Pourquoi certains apparaissent-ils systématiquement et se positionnent-ils comme des références alors que d'autres ne ressortent jamais dans les deux premières pages* de Google ?

Et à force de chercher, j'ai trouvé. La différence, ce truc en plus que j'enseigne désormais, c'est le SEO. Le référencement naturel.

Lorsque je me suis rendu compte que cette méthodologie faisait véritablement la pluie et le beau temps sur Internet, j'ai tout de suite voulu la comprendre. Puis l'appliquer et la maîtriser sur le bout des doigts.

J'ai donc repris une vingtaine d'articles* de blog présents sur mon site, et je les ai « optimisés SEO », pour que Google les mette en avant. J'ai également écrit de nouveaux contenus, en respectant une stratégie (que je vous dévoile en partie 1, rassurez-vous).

Résultat ? En un mois, la fréquentation est passée sur mon site de 80 visiteurs par jour à 300.

Bingo !

Puis, six mois plus tard, je passais les 1000 visiteurs par jour. Quatorze mois après les premières actions, mon site recevait 2000 visiteurs par jour. Soit 60000 par mois. L'équivalent d'un stade de foot comme le Parc des Princes à Paris. J'ai ensuite profité de cette visibilité organique pour proposer des infoproduits (e-book en ligne) et monétiser mon site web à hauteur de 41000 euros en un an.

Au-delà d'un CA, le référencement naturel apporte surtout de la visibilité qualifiée. J'insiste sur le QUA-LI-FIÉE ! Pas des touristes, non. Des futurs acheteurs, intéressés et motivés.

Aujourd'hui, il ne se passe pas un jour sans que je reçoive un e-mail de prise de contact pour mes services SEO. Pas un jour sans une interaction avec ma cible. Mon site Internet travaille pour mon business, qui travaille pour moi.

Spoiler alert !

Je ne suis pas la seule pour qui le SEO a transformé le business. Mes clientes ont aussi vu leur chiffre d'affaires décoller, leur visibilité croître, leur communauté devenir fan, voire addict.

Des exemples ?

- Lucie, qui a vu son chiffre d'affaires de formation en ligne passer de 110000 euros à plus de 240000 euros en un an.

- Marine, qui vendait pour 6000 euros de produits cosmétiques est passée grâce à l'organique à plus de 27000 euros par mois grâce au SEO.
- Estelle, qui a vu son site de prestation de services passer de la huitième page à la première page en moins de deux mois (avec une meilleure visibilité, plus de devis, plus de ventes).

Bluffant, n'est-ce pas ? Vous pouvez en faire autant. Peu importe votre domaine, je vous l'assure.

Personnellement, j'ai choisi de me consacrer au SEO dédié au business féminin afin de contribuer à la réussite féminine. Nous y reviendrons dans cet ouvrage, mais si ce livre existe, c'est aussi pour cette raison.

Le saviez-vous ? En 2020, quatre entreprises individuelles sur dix sont créées par des femmes. Nous prenons donc enfin le pouvoir par le biais entrepreneurial ! Et quoi qu'on en dise, cela reste assez nouveau (quelques dizaines d'années) dans notre société patriarcale.

J'ai observé quelque chose d'incroyable (ou plutôt d'effrayant) auprès de mes abonnées et clientes. Plus de 90 % d'entre elles sont reconnaissantes du fait que je m'adresse exclusivement à un public féminin, en joie, soulagées aussi.

Pourquoi, d'après vous ?

Parce qu'en frappant à la porte de professionnels de la communication digitale, elles ne se sont pas senties assez comprises, considérées, soutenues, prises au sérieux... Problèmes que rencontrent moins souvent nos amis de la gent masculine. C'est un fait, pas des suppositions. Un vrai constat.

Souvent, lorsqu'une femme lance son activité d'indépendante, l'entourage présuppose qu'il s'agit d'un « complément de revenus ». Ou d'un business à l'ambition modeste. Cette vérité est moins présente pour les créations d'entreprise masculines, pas vrai ? Quand un homme lance son entreprise, personne ne doute du fait qu'il s'agit d'une activité principale. Qui sera florissante, qui plus est.

Peut-être que tout ceci est inconscient. Lié à notre société et à la dominante masculine de ces derniers siècles. Il est grand temps d'insuffler le changement !

Les femmes sont de plus en plus nombreuses à vouloir se connecter à leur puissance féminine. Leur féminin sacré, la part en elle qui prend totalement sa place, qui assume !

Et puis, je voudrais vous montrer que vous, femme entrepreneure, vous pouvez tirer votre épingle du jeu. Vous pouvez prendre votre place dans le monde, dans la vie entrepreneuriale ou personnelle. Dans le business « en dur », mais aussi en ligne.

Vous pouvez le faire. À condition d'appliquer la bonne méthode, celle qui fait des étincelles et vous offre des résultats tangibles. Lesquels ?

- Plus de visibilité sur Internet (avec votre site, et les réseaux).
- Plus d'opportunités professionnelles.
- Plus de crédibilité.
- Plus de chiffre d'affaires généré.

Ah, et puisque nous parlons de chiffre d'affaires, sachez que je prends plaisir à parler de chiffres en business. Au fil de mes partages avec de nombreuses entrepreneures, j'ai constaté que, en tant que femmes entrepreneures, nous sommes bien trop timorées et timides quand il s'agit de parler de chiffre, d'argent.

Pourquoi, au juste ?

Toujours à cause d'anciens conditionnements probablement. Et parce que nous n'avons pas appris à le faire. J'ai envie que cela cesse, j'ai follement envie de voir les femmes entrepreneures briller, réussir, s'amuser et cartonner.

Voilà pourquoi ce livre, *Première sur Google*, existe. Il a pour vocation de vous montrer la voie pour enfin propulser votre business féminin sur Internet. Que vous vendiez pour 500 euros de marchandise par an sur Etsy, ou que vous génériez des chiffres d'affaires à six chiffres par mois.

Attention toutefois, il ne suffira pas de le lire pour constater que votre business est propulsé sur le web. Vous devrez appliquer ses préceptes. C'est un véritable engagement entre vous et vous-même. Mais surtout, gardez bien en tête une chose...

Vous POUVEZ casser la baraque grâce à Internet. Même si vous n'êtes pas une as de l'informatique, même si vous ne connaissez rien au « codage », et que les formules mathématiques vous donnent de l'urticaire. Je vous montre dès maintenant comment.

On y va ?

PARTIE 1

LE SEO
OU COMMENT SQUATTER LES PREMIÈRES PLACES SUR INTERNET

— 1 —

LE SEO, MAIS QU'EST-CE DONC ?

LES PRINCIPES DE BASE

Vous l'avez compris, dans cet ouvrage nous parlerons ensemble de référencement naturel (SEO), de stratégie digitale, mais aussi de *mindset* et de puissance féminine. Les uns et les autres sont indissociables, vous saisirez vite à quel point au fil des pages. Le but est de vous permettre de comprendre vraiment les méthodes, les enjeux, tout en vulgarisant l'information pour que vous preniez plaisir à l'appliquer.

Mais pour l'heure, axons-nous sur la pratique. Prête ?

C'est quoi, au juste, le référencement naturel ?
C'est simple : le référencement naturel, c'est la méthode qui permet à un site Internet d'être positionné dans les premiers résultats des moteurs de recherche (notre ami Google en tête de liste).

Autrement dit, le référencement naturel est la technique pour rédiger efficacement pour le web, et voir ses contenus (pages ou articles) squatter les premières places. De manière organique, c'est-à-dire naturellement, en dehors de la publicité.

« OK Maïté, mais le SEO alors, quèsaco ? »
Le SEO signifie, *in english*, *Search Engine Optimization*. En français, « optimisation pour les moteurs de recherche ». Donc, le SEO, c'est le référencement naturel. En somme, c'est la technique pour respecter les bonnes pratiques et voir votre site devenir leader sur le web.

Parce que non, il ne suffit pas de posséder un site pour changer la donne et devenir la star du web, avec une foule en délire à chaque texte publié, chaque action menée, tel Justin Timberlake dans les années 2000. En réalité, un site Internet sans SEO, c'est comme une coquille vide. C'est creux et plat à l'intérieur. Pire qu'un rencard avec Mr Bean alors que votre style à vous, c'est plutôt Bradley Cooper.

Pourtant, le but du jeu est que votre site travaille pour vous, et non l'inverse, n'est-ce pas ? Qu'il vous amène un trafic qualifié, en attirant exactement les bons internautes. Ceux prêts à vous faire confiance, à vous contacter pour un devis ou pour acheter votre produit, immédiatement. Et certainement pas que vous deviez sans cesse distribuer vos cartes ; avec le nom de votre site écrit en italique sur la tranche inférieure.

Combien de sites Internet sont existants mais :
- pas à jour ;
- non actualisés (la dernière actu date de 2015...) ;
- sans contenu intéressant ni pertinent ?

Trop ! Beaucoup trop. Ce qui, en soi, est une excellente nouvelle pour vous : la place est libre ! N'en déplaise à certains qui s'empressent de hurler que le web est saturé... et qu'il est impossible de se frayer un chemin parmi les grosses pointures.

C'est faux.

Encore faut-il savoir comment procéder pour tirer son épingle du jeu. Et croyez-moi, sur les 130 000 milliards de pages en ligne (en 2016), une infime minorité est optimisée pour le SEO. C'est fou, mais réel.

Regardez plutôt : d'autres leviers de visibilité sont utilisés par un grand nombre de marques actuellement :

- stratégie d'influence (partenariat en *story* avec des influenceurs) ;
- relation média (presse, etc.) ;
- omniprésence sur un réseau social phare (comme Instagram).

Ces entreprises, entrepreneurs ou dirigeants possèdent un site web, oui. Mais pour lequel aucun gros effort SEO n'a été lancé. Je sais ce que vous pouvez penser à l'instant même : « Vraiment ? » Oui, vraiment.

Car le SEO plaît moins que les réseaux sociaux de manière générale : moins d'interactions immédiates, moins de réactivité, moins de satisfaction immédiate (un peu comme un régime finalement : le résultat se juge sur le long terme). Pourtant, c'est une stratégie gagnante que de travailler le SEO de son site, incontestablement. Le SEO, c'est aussi plus de trafic, plus de visibilité, plus de crédibilité, plus d'opportunités !

Je compare souvent le référencement naturel à des situations quotidiennes, c'est très révélateur.

Imaginez un peu : le SEO, c'est comme les objectifs avec un régime. Le but est de perdre cinq kilos, durablement. Pas vrai ?

Pourtant, ce que veulent les gens (vous y compris peut-être), c'est perdre cinq kilos en quelques jours seulement. Ils ne pensent pas à l'après, ils veulent des résultats maintenant car dans dix jours, c'est la première baignade de l'année sur la plage de La Baule. Eh oui ! Alors branle-bas de combat à J - 10 quand, au moment d'enfiler son bikini, on constate que les poignées d'amour de l'hiver sont toujours là.

Dans notre quotidien, l'instantanéité est reine.

Mais finalement, est-ce vraiment cinq kilos en moins en dix jours que vous souhaitez ? Car il me semble que ce n'est pas un *one shot* qui vous fait rêver. Non. Au fond, vous voulez maintenir ce nouveau poids sur la balance, voilà votre vrai objectif, votre besoin profond, même s'il est motivé par une urgence.

C'est exactement le même processus en SEO : on veut être aux premières places et être visible. Et vite !

Mais au fond, ce qui importe vraiment c'est la durabilité, non ? Que l'effet soit efficace des mois et des années durant parce qu'en fait, c'est ainsi que vous deviendrez la référence dans votre domaine... l'évidence même.

Pour en revenir à vous, femme ambitieuse et audacieuse, c'est aussi ce que vous visez, n'est-ce pas ? Que votre site soit votre vitrine ouverte vingt-quatre heures sur vingt-quatre et bien approvisionnée, au cœur d'une rue commerçante reconnue. En bref : visible et attractive pour vos clients idéaux.

Tout ceci est possible avec le SEO. Voilà pourquoi vous devez absolument en connaître les leviers pour prendre votre place sur le web. Il est encore temps !

Tout d'abord, dois-je vous rappeler l'importance d'être correctement visible sur Google (autrement qu'en tapant l'URL* de votre site dans la barre de recherche) ? Allons-y pour quelques chiffres-clés.

- 91 % des Français utilisent Google pour lancer une recherche sur le web ; 5,2 % Bing.
- 130 000 milliards de pages (2016) indexées sur Google.
- 75 % des clics sont associés aux trois premiers résultats (les premières places sont cruciales).
- 81 % des lecteurs lisent seulement le premier paragraphe d'une page (il s'agit d'être efficace).

Comment ça marche ?

Les moteurs de recherche comme Google utilisent des robots (appelés *bot*, *google bot*, *crawler spider* ou encore agent) qui parcourent les pages pour les comprendre, les classer, les indexer et les positionner. Le SEO est donc un jeu (auquel vous allez prendre goût, c'est certain !) entre vous, votre site, les robots et les internautes. Vous vous apprêtez à découvrir la recette pour gagner à ce jeu, génial, non ?

Pour aller plus loin, je vous conseille dès à présent de connecter votre site aux outils gratuits de Google qui vous permettent d'analyser le trafic. Comment procéder ? C'est très simple, allez sur :

- Google Analytics* (https://analytics.google.com/analytics/web/) ;
- Google Search Console* (https://search.google.com/search-console/).

Enfin, gardez en tête une idée fondamentale : **chaque page ou article sur votre site est une nouvelle porte d'entrée pour l'internaute**. Il ne vous découvre pas forcément *via* la page d'accueil. Soignez vos contenus, travaillez votre SEO, et diffusez un message clair.

CE QUI COMPTE POUR LES MOTEURS DE RECHERCHE

Le saviez-vous ? Un moteur de recherche comme Google utilise plus de 200 critères pour positionner les pages dans les résultats de recherche (la SERP*).

Il est évident que sur cette centaine de critères, certains ont plus d'impact que d'autres, plus de poids et donc de pouvoir dans le jeu du SEO.

Je vous fais gagner du temps ?

Allons-y. Voici les vrais critères à fort impact pour sortir du lot sur le web. Le reste, c'est du fignolage, de la poudre pailletée sur un maquillage de soirée. Autrement dit, ce n'est pas indispensable, vous pouvez vous en passer pour gagner en efficacité.

La priorité numéro 1 d'un moteur de recherche, c'est de proposer du contenu pertinent aux internautes, comprendre le cerveau humain et les intentions de recherche. Pour cela, les robots de l'algorithme analysent les comportements des visiteurs lorsqu'ils :

- saisissent une requête ;
- cliquent sur un résultat ;
- naviguent sur les pages.

À force de statistiques et de formules jalousement gardées secrètes, les robots classent et positionnent les textes dans les pages de résultats.

Si vous voulez aller encore plus loin dans la réflexion, le constat est simple : Google se rémunère *via* la publicité en ligne (les annonces, Google Ads), donc pour rester le moteur de recherche numéro 1 sur lequel les internautes se précipitent, l'entreprise doit absolument proposer des résultats de qualité.

C'est un cercle vertueux : plus de qualité = plus de valeur = plus de compréhension du langage humain = un flot continu d'internautes = maintien des prix des publicités = rentabilité.

Google est donc obligé d'être soigneux à propos des contenus qu'il met en avant en organique (sans publicité). C'est sa réputation qui est en jeu ! Et plus encore, son volume mensuel de trafic, qui conditionne ensuite les prix de la publicité, et donc ses revenus.

Vous comprenez mieux l'intérêt pour Google de mettre en première page des contenus vraiment pertinents ? Au-delà d'une volonté de qualité de service envers ses usagers, bien sûr.

Parfait, ce point étant éclairci, passons à la suite : ce qui compte vraiment pour un moteur de recherche (et finalement, pour n'importe quel contenu, réseaux sociaux compris).

1. La valeur du contenu

Je ne le répéterai jamais assez... la **valeur de votre contenu** est indéniablement votre arme secrète en SEO (avec une pointe de technique, cela va de soi).

Là où certains référenceurs se bornent à penser technique à tout prix, je crois dur comme fer (constat à l'appui) que la qualité de votre contenu fera toute la différence.

« *Pourquoi, Maïté ?* » allez-vous me demander.

Pour deux raisons fondamentales :
- l'internaute qui lit vos contenus ;
- les robots qui interprètent le comportement des internautes.

Vous parlez à un humain, vous rédigez pour un humain, votre site web est destiné à être parcouru par un humain. Qui prendra contact avec vous, qui ajoutera votre produit dans son panier, qui cliquera ensuite sur le bouton « valider le paiement » ?

C'est l'humain que vous devez séduire avant tout, pas le robot. Sauf qu'en réalité vous faites d'une pierre deux coups... car les robots Google veulent à tout prix se rapprocher de la compréhension humaine. Donc, si vous plaisez à l'internaute par la qualité de vos contenus, cela plaît aussi, par ricochet, au moteur de recherche.

Oui, vous avez saisi : c'est un fantastique cercle vertueux. **La valeur de votre contenu *via* vos pages ou vos articles** (je vous explique la différence un peu plus loin) **est cruciale pour gagner la confiance de l'internaute**.

Imaginez.

Vous cherchez une solution pour hydrater votre peau sensible après une épilation maison. Que faites-vous ? Vous cherchez sur Google « comment apaiser peau après épilation des jambes ».

Bingo ! Le premier résultat vous amène sur un site spécialiste des soins de la peau et des remèdes naturels « mapeauaunaturel.exemple.com ». Vous parcourez l'article, vous découvrez un excellent conseil qui parle d'aloe vera.

Vous testez. Dix minutes plus tard, votre peau n'est plus agressée, le rouge vif a laissé place à votre carnation habituelle. Ouf, l'irritation a disparu.

Que pensez-vous, alors ?

« Waouh, ce site m'offre d'excellents conseils ! Voyons les autres astuces soin de la peau que je pourrais découvrir... » Et au fil de votre navigation, vous commandez un e-book à 27 euros pour connaître votre type de peau, ainsi qu'un baume hydratant bio, et un kit d'épilation pour la prochaine fois.

Voilà. Vous vivez l'exemple parfait de l'importance d'un contenu de valeur. Lorsque vous proposez du contenu rédactionnel de qualité, vous créez un lien de confiance avec l'internaute. La confiance est la clé pour vendre : votre prospect a besoin de se raccrocher à un élément rassurant avant de dégainer sa CB.

Donnez avant de recevoir. Cette règle de business est particulièrement vérifiée et adaptée à l'univers du digital. Ne soyez pas radine ni rapace, non. Soyez généreuse dans vos contenus. C'est ainsi que le lien de confiance se crée avec les internautes. C'est aussi ce qui vous permettra de vous positionner efficacement sur Google avec la rédaction web (je vous dévoile cela en détail en partie 2).

2. Les mots-clés = une requête

Nous y voilà ! Enfin !

Si vous êtes familière du langage digital, vous avez certainement entendu parler des mots-clés. Oui ?

Je le savais ! Et pour cause, en référencement naturel, il existe une règle simplissime :

1 PAGE = 1 MOT-CLÉ.

Répétez après moi : « 1 page = 1 mot-clé. » Encore une fois : « 1 page = 1 mot-clé. »

C'est la seconde règle d'or d'un SEO au top pour squatter les premières places sur Google et propulser votre business féminin sur le web.

Je vous en dis davantage ? Parfait, c'est parti.

En SEO, vous devez associer un mot-clé principal par contenu (par URL). Un mot-clé, c'est la requête que saisit l'internaute dans Google. Par exemple, « recette dessert healthy gourmand ».

Miam !

Un mot-clé est donc un mot seul ou un groupe de mots spécifiques. C'est le fil conducteur de votre texte, comme un fil rouge. Tout sur votre page ou article tourne autour de ce mot-clé.

Pourquoi ?

Parce que Google a besoin de comprendre dans quel cadre proposer votre contenu en lecture aux internautes. Vous devez lui faciliter la vie, l'aiguiller, l'aider en lui disant : « Eh oh, l'ami ! Dans cet article, je dévoile une recette de dessert healthy ultra-gourmand. »

Sur ce principe, chaque page ou article de votre site doit posséder un mot-clé principal. Et tout votre contenu tourne autour de ce mot-clé. Ensuite, vous saupoudrerez de technique SEO, de balisage* et autres astuces rédactionnelles.

Un exemple de plus ? (Je sens votre enthousiasme d'ici, calmez-vous enfin !)

Vous possédez un site vitrine pour votre activité de professeure de yoga. Sur l'ensemble de votre site, votre mission – si vous l'acceptez – est de trouver les mots-clés pertinents (l'explication « comment » arrive un peu plus tard), puis de les sélectionner et d'associer une page à un mot-clé. Bien sûr, l'ensemble de votre site tourne autour du yoga, mais chaque page a une spécificité.

Ainsi, vous pourriez utiliser ces mots-clés pour des pages différentes :
- cours de yoga à Biarritz ;
- cours de yoga Hatha débutant ;
- apprendre le yoga en ligne ;
- positions yoga faciles ;
- yoga prénatal ;
- matériel yoga débutant.

N'oubliez pas, les mots-clés comptent pour les moteurs de recherche. Terriblement. Un bon choix de mots-clés pertinents, et vous voilà bien engagée pour devenir première sur Google. Vraiment.

3. La structure du texte (ou balisage)

Google valorise le contenu, les bons mots-clés et… le balisage de vos textes.

Une explication s'impose ? On y va.

En langage digital, **la structure d'un texte correspond au terme « balisage »**. C'est la manière « codée » pour indiquer à Google la hiérarchie de vos contenus, pour l'aider à comprendre le sens de votre page.

Flashback. Vous vous souvenez de vos cours de philo au lycée ? Bien, vous deviez pondre une dissertation. Pour le format, c'était :

- introduction ;
- thèse ;
- antithèse ;
- synthèse.

Quatre parties structurées.

En SEO, le balisage permet ce niveau de clarté. À la fois pour l'internaute et… les robots, vous l'aviez compris. Or la majorité des sites en ligne ne respectent pas les principes de structure (balisage) préconisés par Google. Ils se tirent une balle dans le pied ! C'est pourtant un processus, une méthode simple pour structurer les textes et plaire à Google.

Je vous dévoile tout ce qui compte pour un balisage réussi un peu plus loin dans cet ouvrage. Patience…

4. Le *netlinking* et l'arborescence d'un site

Un dernier point fondamental pour séduire Google ? Le ***netlinking**** et l'**arborescence** de votre site Internet.

Prête pour les explications ? Commençons par la notion d'arborescence. C'est quoi au juste ? C'est tout simplement le plan, la cartographie de votre site.

La structure de votre site, c'est :

- un menu ;
- des pages ;

- des articles ;
- un *header* (la section haute de la page, souvent le *header* comprend le menu) ;
- un *footer* (la partie basse de la page, avec un lien, les mentions légales, etc.).

Dans un souci de clarté pour l'internaute, et pour faciliter le travail des robots, une arborescence claire de votre site est une excellente idée. La construction de votre site doit donc être pensée avec logique et fluidité.

Aussi, il est de bon aloi de faciliter la navigation de l'internaute grâce à une cohérence entre les pages. Votre menu comprend ainsi souvent ces sections :
- accueil ;
- à propos ;
- services (et une déclinaison en sous-menu si plusieurs services) ;
- contact ;
- blog.

Petit aparté...

Je vous vois sourire, là, en lisant « blog ». Peut-être que vous êtes en train de lever les yeux au ciel en pensant : « Un blog, sérieusement ? Jamais de la vie, c'est ringard ! »

Ouh la, malheureuse ! Quand je parle de blog, je n'ai pas en tête le skyblog des années 2000 où votre cousine Carine déversait sa tristesse car Kévin avait dragué Céline. Non !

Une section blog est la meilleure idée à développer pour votre visibilité sur Internet. Car dans cette section blog, vous publierez des articles, qui correspondront à des mots-clés, écrits au format SEO *friendly*. Ces mêmes articles qui seront autant de portes d'entrée vers votre site !

Bingo ! Vous avez compris comment travailler intelligemment et efficacement le SEO de votre site.

Nous y reviendrons. Pour l'heure, nous parlions de l'arborescence de votre site...

Pour aider Google à comprendre le plan de votre site, il vous suffit de le soumettre *via* l'outil Google Search Console. Cet outil gratuit est ma passion, je vous explique dans le prochain chapitre pourquoi. Préparez-vous, ça vaut son pesant de cacahuètes. Le succès de votre visibilité web n'est plus très loin.

Enfin, j'ai évoqué le *netlinking*. Qu'est-ce donc encore ?

Le *netlinking*, c'est **les liens qui pointent depuis et vers votre site**. Or Google tient compte d'un indicateur dit de « popularité ». Et Lorsqu'un lien est inséré sur un site pour renvoyer l'internaute vers le vôtre, Google le prend comme une recommandation. Il lui accorde donc une valeur importante. La recommandation des sites Internet entre eux est ainsi un critère important pour les moteurs de recherche, mais qui ne se suffit pas à lui-même pour faire la différence.

LES INDICATEURS IMPORTANTS À RETENIR

Rappelez-vous, je vous ai parlé de plus de 200 critères utilisés par un moteur de recherche pour classer et positionner un site ou un texte. Et tous ne sont pas égaux.

Nous venons de voir les points forts de votre site. Il s'agit de :

- la valeur d'un contenu ;
- la pertinence d'un mot-clé ;
- le balisage ;
- le *netlinking*.

Bien.

Google analyse aussi le **comportement des internautes** et en détermine si le contenu est bon ou mauvais. Et donc, s'il a raison de pousser votre page encore plus haut dans les résultats.

Enfin, les **critères techniques** du site n'influent pas directement sur son bon positionnement, mais ils peuvent l'impacter négativement. Je vous parle ici de la vitesse de chargement d'une page (objectivement, vous restez plus de cinq secondes devant une page qui charge, vous ?), ou de l'adaptabilité des pages version mobile (cela s'appelle un site « *responsive* »).

Alors, qu'est-ce qui compte en plus, comme indicateurs ?

- Le temps passé sur une page.
- Le comportement de l'internaute sur le site web (taux de rebond).

- Le temps de chargement d'une page.
- La fidélité (si l'internaute revient régulièrement sur le site ou non).

Puisque tout est lié à un algorithme qui traduit positivement ou négativement le comportement des internautes, votre but va être de mettre les algorithmes Google dans votre poche, pas vrai ?

À la loyale bien sûr, pas avec des techniques de voyou (aussi appelée technique « *black hat* ») qui veulent filouter avec le robot. C'est un jeu dangereux, que je ne vous recommande pas.

1. Le temps passé sur une page

Le temps passé sur une page est un indicateur important pour un moteur de recherche. En effet, si l'internaute clique sur un lien et repart de la page en quelques secondes (moins de dix secondes), cela signifie qu'il y a un problème sur le site.

Google va l'interpréter ainsi : soit le contenu ne correspond pas à l'attente de l'internaute, soit la qualité du texte est pauvre ou dénuée d'intérêt.

Dans tous les cas, un temps de navigation minime est un signal négatif, extrêmement mauvais même. Surtout si c'est combiné à un départ total du site en question.

Par contre, si l'internaute quitte la page, mais navigue encore sur le site, alors là… le signal est positif.

2. Le taux de rebond

C'est exactement cela, le taux de rebond. C'est ce qui mesure si un internaute navigue sur une autre page du site que celle sur laquelle il est arrivé initialement. Pour l'algorithme, si un internaute, après avoir atterri sur une page avec sa recherche initiale, reste sur le site et visite une autre page, c'est que le site est intéressant. Et donc, que l'algorithme a bien fait son travail (si c'était un humain, son ego serait vraiment flatté !).

Vous êtes toujours avec moi ? On continue ? Parfait.

3. Le taux de chargement d'une page

Qui n'a pas déjà vécu cette scène ? Vous cherchez le numéro de téléphone d'un plombier pour intervenir en urgence chez vous. Dégâts des eaux, la poisse. Vous cliquez sur un lien dans les résultats Google et là...

Une page se charge. C'est interminable (plus de sept secondes, une éternité sur le web). Boum ! Votre sentence est irrévocable, vous quittez les lieux. Et cliquez sur le lien suivant, qui se charge parfaitement.

Nous avons l'habitude de la réactivité, d'une page qui se charge correctement, efficacement. Si une page se charge trop lentement, cela fait fuir l'internaute, avant même qu'il ait eu l'opportunité de lire votre contenu de qualité, dommage.

En général, lorsqu'un site est lent, la cause est le poids des images. Je vous conseille vivement d'être vigilante lorsque vous importez des visuels sur votre site (maximum 300 à 400 Ko)... Le problème devrait être résolu. Si toutefois cela ne suffit pas, vous pouvez aussi télécharger des extensions afin d'alléger le poids de vos images. Merveilleux, non ?

4. La fidélité d'un internaute

Google adore constater qu'un internaute revient sur un site qu'il a déjà visité des jours, des semaines, des mois au préalable.

Pourquoi ?

Parce que cela signifie que le contenu était si bon que l'internaute revient. L'outil est en mesure de vérifier le comportement des internautes grâce à un *tracking* (suivi) minutieux (*via* les fameux cookies).

Finalement, les indicateurs qui comptent sont liés encore une fois à la qualité et la pertinence du contenu présent sur un site. Le SEO, le référencement naturel, est donc principalement lié à la qualité. Voilà qui est rassurant, n'est-ce pas ?

En tant qu'entrepreneure ambitieuse qui veut propulser sa visibilité sur le web, vous n'avez plus qu'à suivre les instructions et délivrer de l'excellent contenu sur votre site. Quelle bonne nouvelle !

Pause Inspirante

ALINE BARTOLI, PASSION, STRATÉGIE ET RÉSEAU

Elle, c'est Aline Bartoli. Entrepreneure pétillante qui évolue sur le web, fondatrice de TheBBoost et du podcast *J'peux pas, j'ai business.* Aline est coach business, c'est une entrepreneure au flair imparable, qui accompagne les pros dans le développement de leur activité (CA, stratégie, organisation, réseaux sociaux, etc.). Son activité est exclusivement en ligne, et son chiffre d'affaires vient de passer le seuil symbolique de 1 million d'euros.

Voici, en exclusivité, ce qu'Aline a à partager avec vous...

J'ai toujours adopté une stratégie de contenu avec TheBBoost. Apporter de la valeur, donner, proposer des solutions via *mes contenus... C'est le socle de la communication de mon entreprise.*

D'ailleurs, personnellement, je vois deux leviers principaux qui forgent le succès d'un site Internet. Tout d'abord : le référencement. Connaître l'algorithme de Google, comment ça fonctionne, faire des efforts de référencement, avoir une stratégie de backlinks*, *etc.*

Mais, il y a aussi un second pilier, en relation avec le premier. C'est de générer consciemment du trafic vers son site, et ne pas attendre que Google génère des résultats en premier.

Au contraire, faire en sorte que Google se dise : « Oh là là, mais qu'est-ce qui se passe sur ce site, il y a tellement de trafic, c'est qu'il doit se passer quelque chose d'extrêmement bien... Je vais le faire grimper dans les résultats de recherche encore plus haut ! »

Et ça, ça se fait en écrivant des articles invités, en faisant des échanges en live ou en enregistrant comme actuellement toutes les deux. On peut aussi faire en sorte que les internautes aillent directement sur notre site. Et un des meilleurs outils que je connaisse pour ça, et qui m'a propulsée à mes débuts, c'est Pinterest.

Ensuite, il n'y a pas qu'un site Internet. De manière générale, la création de contenu est un pilier fort pour tirer son épingle du jeu. C'est ce que j'ai personnellement utilisé pour TheBBoost.

Le concept ? C'est simple : donner énormément de valeur sur le web, montrer aux gens comment on peut les aider, créer une relation de confiance, montrer notre expertise, notre légitimité...

J'ai remarqué qu'il vaut mieux concentrer ses efforts et sa communication sur quelques leviers, et pas tout d'un coup. Par exemple, j'ai commencé avec Pinterest, mon site, Instagram... Je ne vais pas aller m'égarer sur TikTok, YouTube, etc. Je reste focus sur les médias forts pour moi : je veux comprendre de A à Z chacun d'entre eux (les algorithmes, le référencement, les bonnes pratiques) avant de passer à un autre. Optimiser la présence sur l'existant.

Pour parler de contenu rédactionnel, j'ai un secret. Vous allez peut-être vous dire « j'en ai assez, je l'ai déjà entendu », mais pour moi, c'est la vraie clé : vous demander si ce que vous racontez est vraiment intéressant. Avant même de penser #, mot-clé, algorithme, like*, design, visuel, etc. C'est LA question qui fait toute la différence.*

Autrement dit, est-ce que je suis en train de résoudre le problème de mon client idéal ? Est-ce que ça l'éclaire vraiment ? Car si la réponse est oui, même un contenu peu optimisé peut cartonner, mais l'inverse est... fatal. J'ai appliqué cette méthode dès le début, et je peux le dire, c'est ce qui a fonctionné pour moi.

En parlant de début, quand je reviens dans la peau de l'Aline d'il y a deux ans, une des choses qui a fait la différence, c'est que je n'accordais pas d'importance au nombre de likes *et d'interactions. Je me concentrais seulement sur la valeur du contenu, si ce que je partageais était utile pour ma cible. Tout en étant attentive à ce qui se passait en moi :*

- *Est-ce que j'avais envie de le faire ?*
- *Est-ce que mes actions me faisaient bien plaisir, avant tout ?*

C'est ressenti aussi par les internautes, ce n'est donc pas à négliger.

Ce que je peux conseiller de ne pas négliger non plus, c'est son état d'esprit en tant qu'entrepreneure. On est obligé, finalement, de travailler sur nos croyances, nos pensées pour surmonter certains blocages du quotidien. Une astuce qui m'aide énormément et que je veux partager avec toi, c'est que lorsque je reçois une critique (négative), je me laisse le temps de digérer. Mais ensuite, je me demande toujours : « Qu'est-ce qui a fait que cette personne m'a fait ce retour, cette critique ? » Il y a forcément un fondement, une raison à cela. Et mieux encore, quand je me sens particulièrement affectée par une remarque, c'est qu'il y a quelque chose à travailler ensuite de mon côté.

Enfin, tu m'as demandé, Maïté, la recette avec les trois ingrédients d'un business féminin qui réussit... Voici ce que j'aimerais partager. Tout d'abord, prendre du plaisir... Si tu n'es pas passionnée, il sera plus dur de s'accrocher en cas de remous, en cas de tempête.

Ensuite, penser stratégie et optimisation. Si tu ne penses pas stratégie, alors ce que tu fais n'est pas une entreprise, mais un hobby. Tu dois comprendre et jouer les règles du terrain de jeu choisi. Exemple avec le référencement naturel : si tu veux être positionnée sur Google, tu dois accepter les règles du jeu du moteur de recherche. Et établir ta stratégie en fonction de ces règles.

Pour finir, mon dernier conseil serait de ne pas être seule. Prendre conscience des projets en commun, des lives, des posts cocréés, etc. C'est un véritable accélérateur dont il serait dommage de se passer !

Pour écouter l'intégralité de l'échange avec Aline, rendez-vous ici : https://smartlink.ausha.co/pauses-inspirantes/aline

Exercice pratique

ANALYSER SON SITE

Pour commencer, je vous invite à ouvrir les outils gratuits de Google pour suivre le trafic sur votre site :

- Google Analytics (https://analytics.google.com/analytics/web/) ;
- Google Search Console (https://search.google.com/search-console/).

Si cela n'a jamais été réalisé jusqu'à présent, laissez passer quelques jours pour que Google puisse collecter des données sur votre site. Puis, vous pourrez lister et chiffrer les informations suivantes :

À partir de Google Analytics

- Le nombre de visiteurs par mois.
- Le nombre de visiteurs par jour en moyenne.
- Le temps moyen passé sur votre site.

À partir de Google Search Console

- La position de vos pages dans les résultats Google.

> Les requêtes tapées par les internautes pour arriver jusqu'à vous : performances/requête.

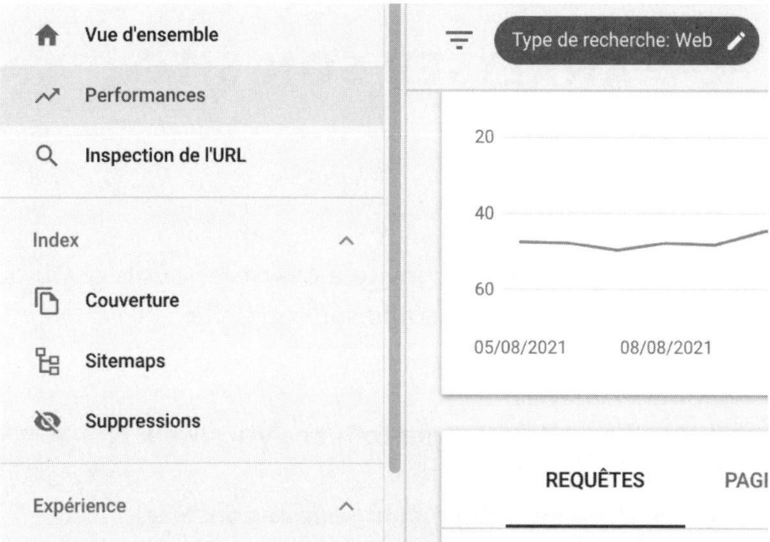

Ensuite, place à un exercice d'analyse : avez-vous associé un mot-clé par page ou article de votre site ?

Si ce n'est pas encore fait, je vous invite à créer un tableau sur lequel vous listez les pages de votre site avec quatre colonnes : « nom de la page », « URL », « mot-clé », « balisage ». Vous le compléterez par la suite lorsque vous aurez associé des mots-clés à toutes vos pages.

Rappelez-vous cette règle phare en SEO : **1 page (ou article) = 1 mot-clé.**

— 2 —

LE SECRET INAVOUÉ DU SUCCÈS D'UN SITE

LES MOTS-CLÉS, ENCORE ET TOUJOURS

Aaaaah, nous y voilà ! Les mots-clés.

Dès lors que l'on s'intéresse au SEO, au référencement naturel, le sujet star qui ressort à coup sûr c'est... le mot-clé.

Le fameux. Le Graal.

Combien de posts Instagram y sont consacrés ? Combien de sujets Facebook associés ? Une quantité infinie ! Le sujet est mystérieux. Des stratégies contraires, voire contradictoires, sont défendues mordicus. On se croirait presque dans les années 2000 avec les fans des 2Be3 face à celles d'Alliage... Un duel. Et personne ne peut admettre que la *team* adverse détient un semblant de vérité. Si, si, je vous l'assure... Bref.

Le mot-clé. Qu'est-ce que c'est, au juste ?

Un mot-clé, c'est une requête. Autrement dit, une recherche et plus précisément, ce que saisit un internaute dans la barre de recherche de Google.

C'est le cœur de la stratégie SEO car le mot-clé, c'est ce dont a besoin l'internaute. Et Google positionne quoi exactement avec son moteur de recherche ?

Des réponses. Absolument.

Un mot-clé peut être un seul mot ou une suite de mots.
Par exemple :
- encens ;
- encens patchouli ;
- encens patchouli indien ;
- encens patchouli indien en bâton ;
- encens patchouli indien en bâton pas cher.

Voilà. C'est ça un mot-clé. Simple, non ?

Pour aller plus loin, un mot-clé seul comme « encens » n'est pas forcément le plus pertinent pour attirer du trafic sur votre site Internet. Pourquoi ? Pour deux raisons intéressantes.

Tout d'abord parce qu'un mot seul est très disputé, très concurrentiel, et donc à éviter dans votre stratégie SEO moyen terme.

Mais aussi parce qu'un mot-clé unique ne traduit pas explicitement une intention de recherche. Je m'explique.

Imaginez un peu.
Un internaute tape dans Google la requête « massage ». Que souhaite-t-il trouver comme réponse de la part de Google ? Des idées de massage ? Des noms de massage ? Une technique de massage ? Un professionnel du massage à proximité de chez lui ? La définition du mot « massage » ? Une formation pour apprendre le massage ?

Oui, c'est une excellente question, je sais.

Un seul mot ne permet pas d'identifier l'intention de recherche de l'internaute. C'est trop générique. Pas assez explicite... Donc, peu judicieux de vous positionner sur un tel mot-clé.

Alors certes, « massage » est tapé 165 000 fois par mois sur Google, OK.

Mais si vous pratiquez le massage californien à La Rochelle... Ce n'est pas avec le mot « massage » que l'internaute viendra se détendre chez vous et recommandera vos doigts de fée !

« OK Maïté, mais je fais comment alors ? »
Eh bien, c'est simple. Vous choisissez un mot-clé « longue traîne ». Laissez-moi vous en dire plus...

Un **mot-clé « longue traîne »**, c'est une requête qui comporte en général *a minima* deux mots et jusqu'à six. C'est ce qui précise la recherche de l'internaute. Et vous permet de vous positionner plus efficacement !

Si nous reprenons l'exemple du massage, il est plus judicieux de choisir comme mot-clé :

- massage La Rochelle ;
- massage californien La Rochelle ;
- praticienne massage 17 ;
- massage bien-être La Rochelle ;
- massage en institut La Rochelle ;
- bon cadeau massage relaxant La Rochelle.

Bim !

Évident, non ?

Certes, le mot-clé est moins recherché mensuellement (1600 recherches par mois), mais il est plus précis. Donc, vous avez plus de chances d'apparaître en première place sur Google en rédigeant une page autour du mot-clé « massage La Rochelle » que « massage ». Même si, techniquement, votre activité est le massage.

Soyez futée !
Aidez Google à vous positionner. **Préférez la qualité à la quantité.** C'est ainsi que vous attirerez à vous les bonnes personnes, les internautes prêts à faire chauffer leur CB, chez vous !

Vos mots-clés sont donc les bases de votre stratégie SEO et vous n'avez pas le droit de les négliger. C'est interdit. Je viens vous tirer les oreilles en personne si vous faites l'impasse !

Je vous parle en connaissance de cause. À l'époque, lorsque je ne connaissais pas encore le SEO (Ouh la, malheureuse !), j'ai fait l'impasse sur cette histoire de mot-clé – et sans stratégie, c'est comme lancer une fléchette face au vent, les yeux bandés, je vous le rappelle.

Que s'est-il passé ?
En six mois, j'avais rédigé plus de 60 articles. Et je recevais environ cinq visiteurs par jour sur mon site…

Navrant. Décourageant. Épuisant. Énervant même.

C'est logique : Google ne savait pas quand proposer mes contenus. Je publiais un texte sans stratégie, et j'espérais que Google me fasse grimper dans les résultats.

Noooon ! Ça ne se passe jamais comme ça !

Lorsque j'ai compris cette histoire de mot-clé, j'ai repris un à un tous mes textes. En parallèle, j'ai appliqué ce que je dévoile dans cet ouvrage.

Résultat ?
Bingo ! Trois mois plus tard, ces textes étaient remontés dans les résultats de recherche et mon site comptabilisait 50 visiteurs par jour. Eh oui ! Six mois plus tard, je recevais 500 visiteurs par jour, je monétisais mon site face aux bonnes personnes, pour finalement atteindre les 2000 visiteurs par jour et générer plus de 41000 euros avec ce simple blog.

Le problème actuel – qui se pose peut-être pour votre site Internet ? –, c'est que la stratégie de mot-clé n'est quasiment jamais appliquée sur les sites en ligne. Voilà pourquoi des milliers de sites Internet sont existants… mais mal positionnés sur Google. Largement en deçà de leur potentiel.

Voilà pourquoi il est urgent pour vous de travailler votre SEO. Et de tout exploser ! Car il reste de la place, beaucoup de place à prendre pour VOUS. Oui, votre place n'attend que vous !

Alors, prête à faire exploser les statistiques de visites sur votre site ?

LES SUJETS SEXY (ET LES INTENTIONS DE RECHERCHE)

Sur Google comme sur les réseaux sociaux, la priorité, c'est de **choisir de bons sujets**. Donc d'excellents mots-clés, qui vont à la fois vous propulser en numéro 1 sur Google, mais surtout... séduire l'internaute.

Pour cela, vous devez dénicher des sujets sexy. Oui, irrésistibles. Attractifs. Addictifs !

Vous savez, comme une délicieuse menthe à l'eau après une journée à la plage un 15 août à Cassis, sous 30 degrés à l'ombre ?

Vous l'imaginez aisément : vous pouvez avoir identifié un mot-clé parfait pour votre site... et tout tombe à l'eau si vous n'optez pas pour un sujet et un angle sexy, pas vrai ?

Votre objectif, rappelons-le, qu'est-ce que c'est ?
Tout simplement créer du contenu qui plaise à Google, mais aussi, et surtout, à l'internaute. Car c'est l'internaute qui achètera votre produit ou service, n'est-ce pas ?

Votre point commun avec le moteur de recherche, c'est **convaincre l'internaute**.

Donc, vous devez impérativement comprendre ce que cherche votre client cible. Mais aussi identifier comment rendre votre contenu attractif. Vous pensez que ceci est complexe ? Ou trop difficile pour vous ? Que ce n'est pas votre métier, qui plus est ?

Tut-tut-tut. Ce sont de fausses excuses !

Vous pouvez captiver l'internaute, vraiment. Grâce à un style rédactionnel qui fait mouche (je vous dévoile la méthode plus tard dans cet ouvrage) et bien sûr, grâce à un sujet qui donne envie.

Reprenons. Comment trouver un sujet qui séduise à coup sûr ?
En connaissant parfaitement votre cible. Oui... Tout part de là. Si vous connaissez sur le bout des doigts votre client idéal, alors il sera aisé pour vous de trouver un sujet qui lui parle, qui l'interpelle, qui l'attire au point de cliquer sur votre article. Qui lui fasse penser : « Waouh, ce site Internet est une mine d'or ! Cette entrepreneure est incroyable, je m'offre ses services. C'est elle et pas une autre ! »

Vous voulez utiliser une méthode imparable pour y parvenir ? Parfait, allons-y.
Pour comprendre votre cible si vous n'êtes pas votre propre cible, vous allez devoir réaliser un véritable travail de détective, très amusant (et surtout utile pour votre business).

Vous allez décortiquer de A à Z votre avatar (le nom « marketing » pour votre cible) pour comprendre qui est cette personne, quelles sont ses pensées, quels sont ses questionnements, ses problématiques, ses besoins profonds, dans le but d'y répondre dans vos contenus web.

Malin, en effet.

Votre vivier de mots-clés se trouve là (mais pas seulement).

Ce que je vous conseille, maintenant, tout de suite ? C'est simple : listez les problèmes de votre cible. Toutes ses questions, ses doutes (en lien avec votre sujet, bien sûr).

Par exemple, si vous vendez des huiles essentielles bio. Définissez clairement votre cible, et demandez-vous :

- Dans quel cadre l'huile essentielle peut-elle être utilisée ?
- Qui en a l'usage ?
- Quel niveau de connaissance sur les huiles essentielles possède votre cible ?
- Que recherche-t-elle, au fond ?

Vous pouvez viser plusieurs cibles, ce n'est pas gênant. Mais vous devez les identifier, les préciser, les connaître aussi bien que votre moitié ou votre meilleure amie. Attention… Si vous me dites que votre cible est tout le monde, parce que votre produit ou service peut concerner tout le monde… Je vous réponds que vous n'aurez personne en client. Personne.

Il faut vous mettre dans la peau d'une de vos cibles, coûte que coûte pour la comprendre, lui parler de cœur à cœur. Avec un vocabulaire qui la fera vibrer, qui fera « tilt » à la fois dans le cerveau et dans l'émotion. **Alignez-vous sur la fréquence de votre cible**, c'est ainsi qu'elle se sentira comprise et considérée.

Dans notre exemple de l'huile essentielle bio, vous avez identifié que votre cible est une femme de 28-50 ans, qui connaît déjà l'univers des huiles essentielles. Elle veut constituer sa trousse familiale pour soigner naturellement sa tribu. Elle aime les produits naturels et efficaces et redoute d'administrer des médicaments chimiques à ses enfants.

Vous pouvez donc faire le rapprochement suivant : l'huile essentielle de citronnelle éloigne les moustiques efficacement en été, et la menthe poivrée aide à faire disparaître les maux de tête.

Quels sujets pourriez-vous choisir ?
Plusieurs possibilités : soit avec un mot-clé comme « huile essentielle citronnelle », soit en angle détourné comme « éloigner les moustiques naturellement ».

Puis, au niveau de l'angle, vous pouvez creuser davantage. Sur la problématique « moustique », on devine que derrière l'intention il y a l'urgence. La femme qui saisit « éloigner moustiques naturellement » en a assez de se faire sucer le sang avec insistance par une tripotée de moustiques tigres. Cela lui gâche le plaisir de prendre l'apéritif en terrasse en famille à dix-neuf heures, et pire même : son enfant de 5 ans n'arrive pas à s'endormir le soir. La faute aux moustiques qui rôdent la nuit venue.

Ce n'est plus possible. Votre cible ici cherche une solution urgente, naturelle et efficace !

Vous avez donc tout intérêt à rédiger un article comme « X méthodes de pro pour éloigner les moustiques naturellement en quinze minutes et pour toujours ».

Bam !

Vous-même avez envie de cliquer pour lire l'article en question, pas vrai ?

C'est exactement ainsi que vous attiserez la curiosité de votre cible. C'est ainsi que vous serez crédible et visible sur Google. Et *in fine*… c'est ainsi que vous ferez progresser votre chiffre d'affaires !

Attardons-nous maintenant sur un autre sujet crucial… la clarté de l'intention.
Pas de méprise. Il n'y a pas seulement la clarté de l'intention de recherche de l'internaute derrière un mot-clé qui compte. Il y a aussi la vôtre. Quelle est votre intention en vous positionnant sur un mot-clé ?

Là, vous allez me répondre : *« À ton avis, Maïté ? Avoir du temps pour apprendre à tricoter ? Nooonnn… Glaner des premières places sur Google ! »*

Rassurez-vous, ça, je l'ai bien en tête.

Je vous parle donc de **l'intention derrière la création de votre contenu**. Où voulez-vous amener l'internaute ? Vers quelle action ? Pourquoi faites-vous ce que vous faites. Dans quel but ? Quel est le chemin rêvé de l'internaute qui se transforme en client, quel est son parcours avec vous (ou votre site) ?

Votre intention, si elle est limpide comme de l'eau de roche, est déterminante dans le succès de votre visibilité web.

Posez-vous des questions dès lors que vous créez un contenu pour votre site (ou même pour un post sur les réseaux sociaux), notamment : quelle action attendez-vous de l'internaute ?

- Est-ce simplement lui faire découvrir votre existence ?
- Demander un devis ?
- Obtenir un contact téléphonique ?
- Cliquer sur une page de vente ?
- Ajouter un produit au panier ?

C'est ça aussi, la clarté de l'intention.

Et c'est primordial. Vital même. Votre clarté est votre plus gros atout pour guider efficacement l'internaute vers les actions qui vous intéressent.

Savez-vous ce qui est le pire pour un internaute qui cherche une réponse sur Google, lorsqu'il parcourt un article ou une page ? C'est lorsqu'il se retrouve les bras ballants à la fin de sa lecture.

Plop.

Vous savez – vous l'avez probablement déjà expérimenté –, lorsqu'en fin de page, vous ne savez pas vraiment quoi faire ensuite. Vous n'êtes pas guidée, vous avez lu un contenu et ensuite… le néant.

En fait, un internaute a besoin d'être guidé, orienté. La fin d'une page est parfaite pour insérer un appel à l'action (aussi appelé CTA). Vous dirigez l'internaute vers l'action la plus cohérente pour lui après sa lecture.

Quelle action proposer, au juste ?
Tout dépend du sujet de votre article, mais je vous conseille vivement d'au moins placer un lien vers votre formulaire de contact. Ou bien, vers un produit « solution » présent sur votre e-shop, ou encore un lien vers un article complémentaire… Aiguillez votre internaute ! Vous êtes sa boussole à l'instant *t*, ne le laissez pas filer maintenant.

C'est toujours bon pour vous ?
Génial… Maintenant que votre cerveau de femme brillante est en action, allons jeter un œil du côté des outils en SEO.

LES OUTILS POUR VOTRE STRATÉGIE

Maintenant que vous avez intégré que la stratégie est reine, je peux évoquer quelques outils pour vous accompagner dans son élaboration. Car ce qui m'embête, en général, avec les outils, c'est qu'il est facile de penser que c'est suffisant pour créer une stratégie SEO.

C'est faux !
Il est indispensable de comprendre le processus et le raisonnement avant de vous pencher sur les outils. Sans cela, c'est comme si je vous donnais 10 000 euros, là maintenant tout de suite... et que je vous laissais filer dans une impasse, avec un casino, un grand centre commercial et une bibliothèque.

Il y a fort à parier que vos 10 000 euros (votre outil) seront dépensés au casino (plaisir rapide, qui ne demande pas de réflexion) et au centre commercial. Alors qu'ils seraient bien plus utiles et efficaces si vous les investissiez dans du savoir, de la méthode, du pratique.

Pourquoi ?
Parce qu'un outil seul ne sert à rien pour le moyen ou le long terme ! Ce n'est pas une baguette magique... **Vous devez apprendre le processus pour utiliser votre outil à la perfection.**

Bien, découvrons le premier outil que je vous recommande chaudement : **votre cerveau**.

Outil n° 1 : votre cerveau

Je vous vois là, à lever les yeux au ciel ! Votre cerveau ?

Oui, c'est réellement votre outil numéro 1, grâce auquel le SEO pour votre site sera au top.

Pourquoi ? Parce que votre cerveau, votre connaissance de votre cible, votre intuition, vous donneront les meilleures idées de mots-clés et d'angles pour vos contenus. Vous connaissez mieux que personne votre marché, votre cible.

Bien sûr, un outil technique possède des atouts. Il vous apporte des informations techniques utiles, comme :
- un volume de recherche mensuel ;
- une difficulté de positionnement ;
- une liste de concurrents déjà positionnés ;
- des mots-clés connexes.

Oui, c'est vrai. Il est intéressant et assez rassurant d'identifier de la sorte la pertinence ou non de certains mots-clés. Surtout lorsque vous débutez.

Mais avant tout : faites-vous confiance !
En effet, souvent, lorsque j'accompagne mes clientes en formation SEO avec Visibilité Maximale sur Google, je constate une chose : elles ne se font pas assez confiance. C'est flagrant. Tout le pouvoir est délégué aux outils, alors que leur cerveau est largement plus efficace.

Or, dans cet ouvrage, je vous dévoile comment procéder en détail. Et ce n'est pas parce que vous êtes novice en SEO, ou non professionnelle du domaine, que vous ne pouvez pas détenir les bonnes informations.

Alors par pitié : faites-vous confiance ! C'est vrai, après tout, que se passera-t-il si vous assumez pleinement vos potentiels ? Vos réussites ? Vos idées ?

Utilisez votre puissance. Et même si nous ne sommes pas toutes suffisamment armées pour l'assumer et l'affirmer – jusqu'à présent... –, le monde change, et vous contribuez, avec votre activité d'entrepreneure, à apprivoiser votre puissance, bravo !

Il suffit de polir, arrondir, affiner vos résultats pour obtenir les bons mots-clés et les bons angles ! Croyez-moi...

En fait, votre cerveau accumule un grand nombre d'informations capitales sans que vous ne perceviez encore leur importance. C'est normal, personne ne vous a montré comment faire confiance à vos intuitions. Comment démêler le vrai du faux dans vos pensées.

Voici comment je vous conseille d'utiliser votre cerveau – mon outil préféré – en référencement naturel.

Tout d'abord, prenez de quoi noter. Puis, pensez à votre cible, glissez-vous dans sa peau. Comme le ferait une Kate Winslet lorsqu'elle incarne un nouveau personnage. Listez toutes les problématiques auxquelles elle est confrontée, en rapport avec votre sujet.

Par exemple, vous proposez le perfectionnement de l'anglais pour les personnes parties à l'étranger pour leur vie professionnelle. Vous vous adressez particulièrement aux femmes expatriées.

Demandez-vous sérieusement quelles sont les problématiques de votre cible. Quels sont ses soucis urgents ? Que cherche-t-elle à savoir ? Quels sont ses besoins prioritaires à satisfaire ?

Ici, dans notre exemple, je note ceci :

- comment perfectionner son anglais quand on arrive dans une entreprise en Californie ;

- comment créer un cercle d'amis quand on s'expatrie ;
- inscription école maternelle aux USA ;
- comment s'adapter à un nouveau pays ;
- qui contacter en Californie pour inscrire ses enfants à l'école ;
- régime de sécurité sociale aux États-Unis ;
- quel visa pour s'expatrier aux USA ;
- combien d'heures de vol entre Paris et Los Angeles ;
- comment faire bonne impression un premier jour de travail en expatrié ;
- vocabulaire business en anglais ;
- cours d'anglais professionnel en accéléré.

Bien. Maintenant, prenez le problème en sens inverse.

Vous proposez des cours d'anglais en ligne, à destination des professionnels qui s'expatrient. Dans quel cadre votre offre de services peut-elle être une solution ?

Je vous propose ici :

- X leviers puissants pour s'intégrer facilement quand on s'expatrie (un des leviers est bien sûr de maîtriser la langue grâce à des cours en ligne, que vous proposez) ;
- X choses à savoir absolument avant de s'installer à Los Angeles ;
- les X mots business les plus importants en vocabulaire anglais ;
- X astuces pour se sentir à l'aise le premier jour au travail dans un pays étranger ;
- X manières de développer sa confiance en soi quand on s'expatrie ;
- X idées de défis à relever à 40 ans (ici, une des idées est de maîtriser une langue étrangère au point de s'expatrier).

Vous voilà désormais avec une excellente base pour trouver vos mots-clés pertinents, ainsi que des angles sexy à souhait pour rendre les internautes addicts à vos contenus, puis faire d'eux vos clients et meilleurs ambassadeurs !

Vous verrez, en procédant ainsi, il sera aisé pour vous de croiser ces informations avec certains des outils proposés ci-après. Votre cerveau est une pépite en or massif.

Faites-lui confiance. Faites-vous confiance.

Outil n° 2 : Answer the public

Peut-être qu'à ce stade, vous vous dites : *« Oui, elle a raison, Maïté, mais en attendant... j'ai besoin de confirmer mes idées. Je voudrais savoir ce que ma cible se pose comme question. »*

Hun hun, je vois. Vous voulez devenir télépathe.

J'ai un scoop pour vous : vous l'êtes déjà lorsque vous connaissez sur le bout des doigts votre cible ! Allez, ceci dit...

Respirez un grand coup... Une solution (en dehors de votre précieux cerveau) existe pour confirmer les questions qui trottent dans la tête de vos prospects. C'est un outil nommé Answer the public.

Comment ça fonctionne ?
Simplissime : vous vous rendez sur l'URL https://answerthepublic.com. Puis vous saisissez un sujet qui vous intéresse.

Si nous reprenons notre exemple d'expatrié, saisissons « réussir expatriation ». Bim ! La requête passe à la moulinette, et l'outil vous propose toutes les recherches connexes à votre requête. Vous découvrez alors que les internautes saisissent des questions du type :

- réussir sa vie d'expat ;
- comment réussir une expatriation ;
- bien réussir son expatriation.

À mes yeux, cela vous permet d'affiner vos angles, ou intégrer certaines de ces questions suggérées en sous-titre dans vos articles. Rassurez-vous, je vous dévoile très vite comment structurer vos pages pour qu'elles soient SEO *friendly*.

Mais encore une fois, il s'agit d'un outil. Qui va techniquement grouper des sujets de questions plus ou moins similaires et les lier entre eux. Gardez le contact avec votre bon sens et votre connaissance de la cible.

Vous avez déjà les réponses en vous.

Outil n° 3 : Neil Patel

Neil Patel est un outil très fréquemment cité pour créer votre stratégie SEO… Et pour cause, il propose une version gratuite qui peut déjà vous aiguiller.

Le principe ?
Vous saisissez une requête, un mot-clé dans la barre de recherche de l'outil.

Il vous propose ensuite des informations sur le volume de recherche estimé par mois, et la « difficulté » SEO associée. Autrement dit, sur une échelle de 0 à 100, quelle est la difficulté pour se positionner sur les premières places Google avec le mot-clé saisi.

Je le sais bien, découvrir un mot-clé avec un gros volume de recherche mensuel peut-être tentant... Vous vous dites : « *Youpi, cette requête est recherchée plus de 100 000 fois par mois, waouh, le trafic énorme qui m'attend sur mon site... !* »

Sauf que la réalité est autre.

Si le mot-clé est extrêmement recherché, il y a fort à parier que la difficulté pour se positionner sera grande. Attention, ce n'est pas parce que l'outil vous donne une difficulté estimée que ceci est une réalité. Vous pouvez tout de même créer un contenu autour de votre mot-clé, mais il faudra certainement de la patience avant de le voir se positionner.

Avant toute chose, rappelez-vous surtout de ceci : ce qui importe, c'est **la pertinence de votre mot-clé** et **l'intention de recherche de l'internaute**.

Prenons un exemple concret, sur le sujet « acné ». Vous testez le mot-clé dans Neil Patel :

Aaaah, 14 800 recherches par mois, belle opportunité !

Mais en réalité, non. C'est plutôt un cadeau empoisonné, pour deux raisons :

- la difficulté SEO estimée est forte (70/100) ;
- l'intention de recherche est trop vague (que recherche l'internaute quand il saisit « acné » ? Une solution, une définition, un soin ?).

Il est important pour vous de tester un mot-clé « longue traîne », plus spécifique. Ici, vous pouvez tester « solution naturelle contre l'acné ». Voici le résultat :

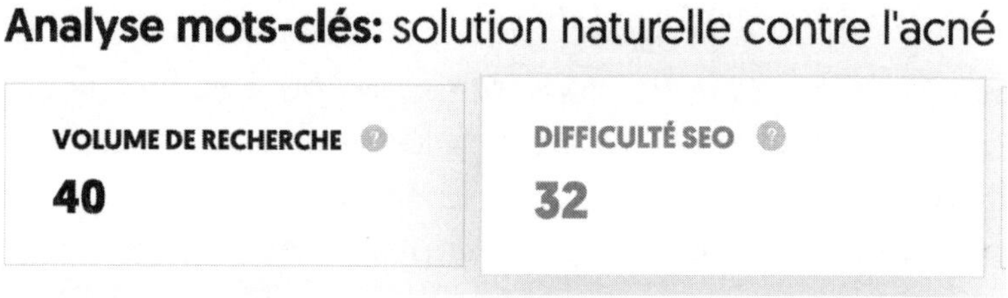

Voilà, 40 recherches mensuelles estimées (certainement plus si l'on inclut les mots-clés secondaires et les expressions similaires), pour une difficulté de 32.

Je vous conseillerais plus volontiers de vous positionner sur ce mot-clé : plus pertinent, plus spécifique, avec une meilleure intention de recherche et donc un potentiel économique plus intéressant pour vous. Surtout si vous vendez des produits naturels à base de plantes pour soigner les peaux sensibles…

Vu ?

Parfait, voici désormais le dernier outil gratuit que je vous recommande pour choisir vos mots-clés.

Outil n° 4 : les suggestions de recherche Google

Enfin, l'outil à adopter de toute urgence, c'est l'ami Google. Oui, Google vous propose des suggestions de recherches très utiles pour votre stratégie SEO.

Imaginez un peu.

Vous vous demandez comment changer l'adresse sur votre carte grise. Vous questionnez le moteur de recherche, en saisissant « comment changer l'adresse... ».

Google vous propose automatiquement des suggestions (qui correspondent aux requêtes les plus fréquentes). Dans notre exemple, vous aurez les suggestions suivantes :

- comment changer l'adresse sur une carte grise ;
- comment changer l'adresse sur le permis de conduire ;
- comment changer l'adresse e-mail sur Facebook ;
- etc.

Comment interpréter ceci ?
Tout simplement en y puisant votre inspiration. Parce que grâce à ces suggestions, vous visualisez les mots qu'utilisent les internautes pour leurs recherches. C'est précieux : ces mots sont certainement vos futurs mots-clés.

Mais ce n'est pas tout. Vous pouvez aussi utiliser les suggestions Google à votre avantage autrement...

L'autre méthode consiste à saisir votre requête exacte et observer la page de résultats. Dans notre exemple, vous saisissez « comment changer l'adresse sur la carte grise ».

En premier lieu apparaissent sur la page les « annonces » (publicité Google Ads). Puis, un encart intéressant (« autres questions posées » ce sont les questions associées, plus ou moins similaires sur un sujet donné) :

Ces autres questions peuvent vous orienter sur les sujets importants pour les internautes que vous ciblez. Notez-les, listez-les et pensez à les intégrer à vos futurs contenus.

Mon conseil numéro 1 ? Les utiliser en **sous-partie pour vos articles**.

Par exemple, si vous décidez de vous positionner sur le mot-clé « changement adresse carte grise », vous pourriez écrire un article structuré ainsi :

Titre : « Comment changer l'adresse sur la carte grise gratuitement en cinq minutes seulement ? »

Sous-titres dans l'article :
- Est-il obligatoire de changer l'adresse sur la carte grise ?
- Comment faire un changement d'adresse de carte grise ?
- Quel délai pour le changement d'adresse ?
- Où faire un changement d'adresse de carte grise ?

... Vous utilisez en fait une partie des autres questions posées dans votre article ou page en sous-titre. Pourquoi ? Car vous vous offrez ainsi l'opportunité de vous positionner aussi sur ces mots-clés-là. D'une pierre, deux coups !

Waouh, intéressantes ces astuces, pas vrai ?

Attendez, ce n'est pas fini...

Vous pouvez encore creuser ces histoires de mots-clés avec Google en descendant en bas de page des résultats (la SERP, je vous le rappelle). Regardez ce que vous trouvez alors : les recherches associées.

Oui, de vraies pépites !

Vous découvrez ici le vocabulaire de l'internaute. Ce que vous pouvez utiliser dans le champ lexical de votre texte (je vous dévoile cela en détail dans la deuxième partie du livre).

Merveilleux !

Pause inspirante

LAUREEN SCHEIN, PATIENCE, PASSION ET… COUTEAU SUISSE

Et maintenant, je vous propose de découvrir Laureen Schein. Laureen, c'est l'audace, la mission et la vision en une seule et même personne. Créatrice de la marque La Belle Boucle, Laureen a su développer en quatre ans à peine une communauté sur Instagram et sur son site e-commerce. À 26 ans, elle a pour but d'accompagner les femmes aux cheveux bouclés, ondulés, frisés, crépus à prendre soin de leur chevelure, au naturel. Son entreprise a évolué pour atteindre aujourd'hui un CA de 6 millions d'euros.

Tout a commencé par les réseaux sociaux pour partager du contenu gratuit, puis l'ouverture d'un e-shop pour commercialiser les produits recommandés, puis l'ouverture d'une boutique physique à Lyon, et enfin la sortie du premier produit de la marque La Belle Boucle. Le tout en ayant bâti une communauté fidèle, engagée, fan…

Laureen vous dévoile les secrets de communication de La Belle Boucle. C'est parti !

Avec La Belle Boucle, tout part d'une envie de partager, par passion. J'ai créé à partir d'une problématique personnelle (le soin et l'entretien de mes cheveux bouclés, au naturel) pour laquelle je ne trouvais pas les informations pertinentes sur Internet. Voilà pourquoi, au départ, est né le compte Instagram La Belle Boucle.

J'ai choisi Instagram au début car c'est gratuit, et je trouvais assez facile d'utiliser la plateforme. Initialement, je pensais utiliser YouTube, mais je me suis rendu compte que pour moi, la création de contenu vidéo est beaucoup plus difficile (demande plus de temps et de compétences).

Ensuite, en parallèle, avant d'être un e-commerce, mon site était un blog. J'ai donc rapidement écrit des articles de blog, optimisés pour le référencement naturel, afin de me positionner sur les moteurs de recherche. Je ne mesurais pas vraiment l'importance au départ de s'inscrire dans la durée avec le SEO et les articles de blog, je me suis placée sur « recette cheveux bouclés », etc. et c'est ce qui fait la différence aujourd'hui.

Au début, j'écrivais des articles par passion, mais aujourd'hui c'est grâce aux articles de blog que le site est si bien référencé car tout part du trafic sur le blog. C'est du partage, mais aussi de la stratégie de référencement, qui fonctionne sur le long terme. Le blog peut paraître « has been *» comparé à Instagram, sauf que sur Google, Instagram n'est pas référencé (sur les posts). Donc aujourd'hui, pour avoir ses chances d'être vu et trouvé, c'est la section blog qui importe pour être en première page.*

Ce qui peut permettre à un site de faire la différence et de bien se positionner, c'est donner à l'internaute ce qu'il est venu chercher. Autrement dit, des réponses à ses questions. J'utilise personnellement Instagram pour échanger avec ma communauté, mais sur un post sur les réseaux sociaux, on est limité par le nombre de caractères. En revanche, un article de blog est l'occasion d'aller plus en détail, plus en profondeur pour répondre aux questions des internautes.

Le contenu reste plus longtemps visible, la durée de vie d'un contenu est plus longue sur une section blog que sur un réseau social, qui est plus éphémère. On ne fait pas le même usage d'un contenu blog que d'un contenu réseau social ! Autre point important pour l'internaute : que le site soit clair, bien structuré, rapide, fiable, disponible en responsive.

Pour la partie rédactionnelle, j'ai pris le parti d'écrire de façon personnelle, ce que je n'avais jamais vu ailleurs sur le sujet. Une de mes forces, c'est que ce que j'écris, je l'ai testé et expérimenté. C'est authentique, réalisé avec passion, et donc ça fait la différence. Ça connecte avec l'internaute, qui sent la vérité derrière l'écrit.

Tu m'as demandé, Maïté, comment j'ai fait pour y croire au début de La Belle Boucle, alors que ce n'était pas encore un business. En réalité, avant de commercialiser quoique ce soit avec l'e-shop, j'ai eu le temps de constituer une communauté avec plus de 30 000 abonnés à l'époque sur Instagram. Je ne partais pas de rien, j'ai eu le temps de constater qu'il y avait un besoin et qu'en plus, j'étais suivie. J'étais donc assez confiante lorsque j'ai commencé à monétiser le concept.

Je pense qu'il est pertinent de commencer par partager ses valeurs, exprimer qui on est, pourquoi est-ce qu'on fait ce qu'on fait, avant de commencer à vendre. Cela passe aussi par offrir du contenu, créer des articles, des posts, donner de l'information pour créer de la confiance aussi avec les internautes.

Quand on évoque les débuts de La Belle Boucle, j'étais seule sur tous les domaines : création du site Internet, choix de sujets, écriture, contenus... J'ai tout fait seule ! J'étais un vrai couteau suisse ! Aujourd'hui, c'est différent, je suis entourée d'une équipe de six prestataires, et les missions ne sont plus les mêmes.

Si je peux te conseiller une astuce pour muscler ton état d'esprit, je te conseille d'écouter des podcasts. C'est une grande source d'inspiration, et c'est un format agréable que tu peux écouter quand tu veux, pour l'inspiration que tu veux. Et aussi de te concentrer sur ce que tu aimes ! Tu peux aussi essayer de te reconnecter à la nature, prendre l'air, arrêter l'usage de ton ordinateur pour essayer d'écrire avec un papier et un stylo... Tu trouveras la formule qui est la bonne pour toi.

Enfin, voici mes trois conseils pour réussir dans son business féminin :

- *la patience ;*
- *la passion ;*
- *le côté couteau suisse (faire preuve de curiosité, mettre les mains dans le cambouis pour se lancer).*

Pour retrouver l'intégralité du podcast avec Laureen, rendez-vous ici : https://podcast.ausha.co/pauses-inspirantes/laureen

Exercice pratique

DÉTERMINER SES MOTS-CLÉS

Voici le temps de mettre en pratique ces conseils avec les mots-clés de votre propre site. Génial, non ?

Tout d'abord, listez les mots-clés qui vous viennent intuitivement lorsque vous évoquez votre activité. Que peuvent saisir les internautes pour arriver jusqu'à vous ?

Puis listez toutes les préoccupations ou questions de votre cible en rapport avec votre activité et vos solutions. Demandez-vous sérieusement quelles sont les problématiques de votre cible :

- Quels sont ses soucis urgents ?
- Que cherche-t-elle à savoir ?
- Quels sont ses besoins prioritaires à satisfaire ?

Notez tout.

Ensuite, creusez, identifiez si le vocabulaire que vous avez utilisé correspond bien à celui employé par les internautes sur Internet. Par exemple, si vous êtes naturopathe, spécialiste des huiles essentielles. Dans votre jargon, vous dites « HE » pour « huile essentielle ». Vous auriez tendance à écrire « HE menthe poivrée », là où l'internaute cherchera « huile essentielle menthe ».

Maintenant, combinez cela avec le choix d'un sujet attractif. Vous avez identifié votre mot-clé (et renseigné votre tableau), à vous de choisir un angle qui corresponde à l'intention de recherche de l'internaute.

Pour vous aider davantage, vous pouvez utiliser les outils comme :

- votre cerveau ;
- Answer the public (https://answerthepublic.com) ;
- Neil Patel (https://app.neilpatel.com/fr/) ;
- les suggestions de recherche Google.

À vous de jouer !

— 3 —

LA TECHNIQUE (ACCESSIBLE À TOUTES)

LE BALISAGE ET LE *NETLINKING*

Pas de panique ! Respirez un grand coup et… prenez note !

Nous arrivons sur la partie technique de la stratégie SEO puisqu'il est temps d'évoquer le balisage et le *netlinking*.

Le balisage

C'est quoi le balisage, au juste ?

Nous l'avons vu page 42, le balisage est simplement **la manière de structurer un texte**, de hiérarchiser l'information pour la rendre compréhensible aux yeux de Google.

En somme, c'est ce qui permet à Google de comprendre quelle partie de votre texte correspond :

- au titre principal ;

- au paragraphe ;
- aux sous-titres ;
- à un lien interne ou externe ;
- à du texte en gras ou en italique.

N'oubliez pas qu'il s'agit d'un robot qui interprète une information pour la placer dans une case. Il va donc falloir vous exprimer de manière claire pour lui.

Dans l'univers du digital, vous entendrez parler de « codage » ou de quelqu'un qui « code » (un codeur). Le codage, c'est l'art du langage informatique. Car oui, il existe un langage à part, c'est vrai. Cela s'appelle le code HTML et le CSS. Dans votre situation, **vous n'avez pas besoin d'apprendre ce langage**. Du tout.

Vous pouvez être première sur Google sans coder une seule ligne par vous-même.

Pourquoi ?
Parce que votre site Internet est déjà codé pour exister, que vous utilisiez un CMS (système de gestion de contenu) comme Wordpress, Wix, Prestashop ou autre (l'outil support pour votre site). C'est un peu comme un modèle déjà précodé (avec la structure de votre site, son visuel, sa composition, ses parties, etc.) qui vous propose une interface claire, dans laquelle il faut juste structurer vos textes.

Autrement dit ?
On en revient au balisage qui va indiquer au moteur de recherche où est le titre de l'article, le paragraphe, le sous-titre, etc.

Ainsi, dans l'univers SEO, il existe plusieurs éléments :

- **Le *heading*** ou niveau de titre. Le *heading* existe en six niveaux, nommés H1 à H6 (H1 = *heading* 1). Ces différents niveaux de titres servent à structurer la page et donc à indiquer aux robots des moteurs de recherche quels sont les titres et sous-titres.
- **Le titre principal** d'une page (ou d'un article) est le H1, sa traduction en langage HTML est : <h1>exemple titre de la page <h1>
- **Le ou les sous-titres** d'une page sont appelés H2 et permettent de délimiter vos paragraphes et structurer les idées du texte. Le balisage en code est sur ce modèle <h2>sous titre de la page <h2>
- **Les paragraphes** correspondent par défaut au corps du texte, la balise correspondante est <p>

Rappel de traduction en langage HTML

- saut à la ligne =
- lien cliquable vers une URL = <a href= »https://exemple-url-site.com »>cliquez ici</a>
- *bullet point* = <ol></ol>
- texte en gras = <strong></strong>
- texte en italique = <em></em>

Ne partez pas en courant ! Je vous le rappelle, vous n'avez pas besoin d'utiliser ce langage codé HTML pour structurer et créer vos pages.

Par conséquent, pour rédiger sous Wordpress (ou Wix) par exemple, procédez comme sous Word ou Google Docs :

- saisie du texte ;
- surlignage d'éléments (qui se codent en « back end » automatiquement) ;
- insertion de lien en copiant une URL.

Je vous montre ?

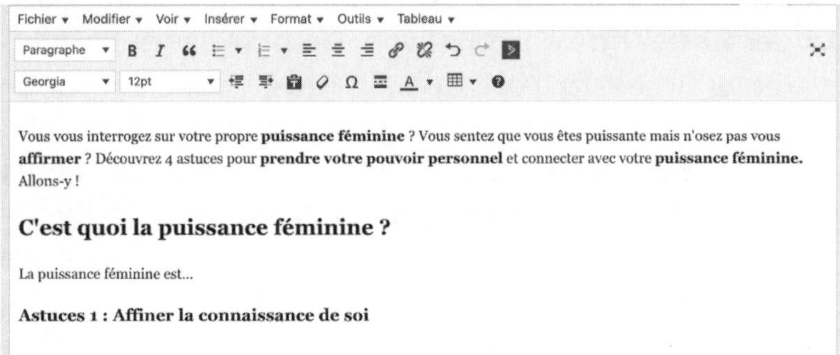

Pour transformer un corps de texte en titre ou sous-titre, sélectionnez votre texte et choisissez le balisage de votre choix dans l'onglet « paragraphe ». Simple, pas vrai ?

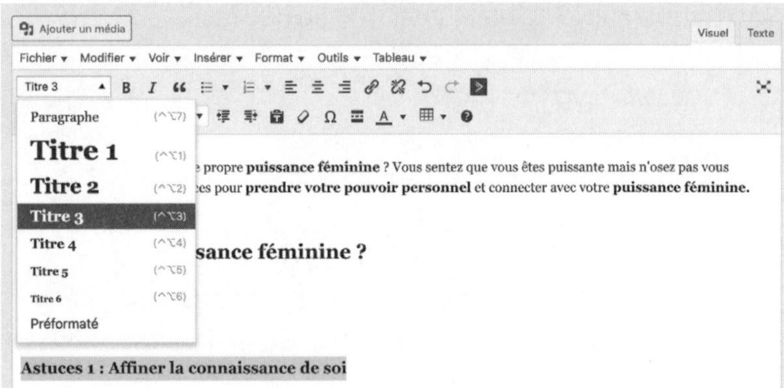

Observons maintenant la version html (que vous retrouvez en cliquant en haut à droite sur l'onglet « texte ».

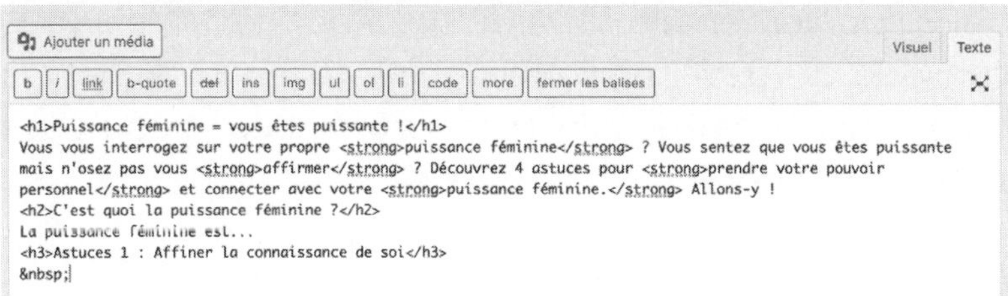

Le *netlinking*

L'autre point important pour venir appuyer votre stratégie SEO est le *netlinking*. Je vous conseille de le mettre en pratique uniquement lorsque vous avez bâti votre plan SEO, rédigé vos contenus et créé de nouveaux... **Le *netlinking* vient renforcer votre travail.**

C'est-à-dire ?

Le *netlinking*, c'est la stratégie autour des liens entrants et sortants de votre site. Autrement dit, lorsque vous faites un lien vers un autre site que le vôtre. Et lorsqu'un site fait la même chose vers vos URL.

Quand un site crée un lien vers le vôtre, cela s'appelle un *backlink*. Rappelez-vous, je vous en ai déjà parlé (voir le glossaire page 267), c'est une sorte de recommandation pour Google.

Cependant attention, même si c'est important en complément de l'essence même de vos contenus, cela ne remplacera jamais la stratégie SEO elle-même.

L'idéal est donc d'obtenir des *backlinks* de qualité pour renforcer votre crédibilité pour les robots (et obtenir du trafic supplémentaire, il va de soi). Pour ce faire, je vous conseille de travailler votre *netlinking* en cherchant à obtenir des liens qui pointent vers votre site... depuis des sites de qualité.

Comment les identifier ?
Par le bon sens, et grâce à certains outils (comme Cocolyze ou Neil Patel dont je vous ai déjà parlé) qui analysent le « *trustflow* ». Le *trustflow*, c'est **l'indice de confiance théorique de Google pour un site**.

Ainsi, un site du gouvernement possède un *trustflow* de 100 (sur 100). Un site tout frais, tout neuf, possède un *trustflow* de 0.

À vous de trouver les cadors dans votre domaine ou un domaine complémentaire... et de négocier un *backlink*. Une des astuces pour y parvenir est de rédiger un article où vous mentionnez le site en question. Puis, contactez le propriétaire du site en indiquant que vous l'avez mentionné avec un lien vers son site. Demandez si, en retour, il peut faire de même.

Je sais, la technique peut vous sembler brutale. Mais elle fonctionne.

Évitez autant que possible de tomber dans certains pièges du web, comme des vendeurs de liens (ça existe), qui vous proposent 20 *backlinks* à 20 euros.

Non. N'y allez pas.

Cela va desservir votre site : ce sont des liens de médiocre qualité, sans rapport avec votre domaine d'activité. Non, définitivement. **Privilégiez la qualité à la quantité**, toujours.

L'OPTIMISATION DE CONTENU EXISTANT

Vous êtes toujours avec moi ?

Parfait !

Il est temps de s'attarder ensemble sur l'optimisation de contenus déjà existants. Youpi ! Pour commencer, j'ai une excellente nouvelle pour vous : vous pouvez corriger le tir depuis un site non optimisé SEO.

Vous pouvez même profiter d'une réactivité accrue lors d'une optimisation de site : Google est plus rapide s'il s'agit de repositionner un contenu existant plutôt que lors de la création d'une nouvelle page.

En quoi consiste l'optimisation d'un contenu existant, au juste ?

C'est simple, il s'agit de « pimper » une page ou un article version SEO, de le rendre attractif, sexy, intéressant et irrésistible pour Google et l'internaute. Un vrai *refresh*, comme un relooking avec les conseils de Cristina Córdula : « Ma chériiiiie, ça ne va pas du tout ! »

Vous voulez savoir ce qui ne va pas du tout et ce qui est à corriger en priorité pour une optimisation SEO *friendly* ? C'est parti :

- une page sans mot-clé associé (sans sujet principal en fil conducteur) ;
- un texte « bloc », non structuré, sans H2/H3 (sous-titre) ;
- un texte pauvre : en quantité de mots certes, mais également en valeur, en qualité ;
- un rédactionnel lourd : phrases longues comme un bras, sans rythme, sans saveur ;
- pas d'appel à l'action en fin de page ;
- des meta descriptions* et un meta title* manquants ou peu incitatifs ;
- un maillage interne* et externe inexistant et des ancres mal choisies.

La traduction en action concrète ? La voici. Pour optimiser une page et la rendre SEO *friendly*, respectez ces étapes :

- choisissez un mot-clé principal et utilisez-le en fil conducteur ;
- vérifiez que le texte propose un seul titre H1 et *a minima* deux H2 ;
- ajoutez de la valeur, du contenu, du texte (*a minima* 500 mots pour une page, 250 mots pour une fiche produit en e-commerce) ;
- rafraîchissez vos phrases (maximum une vingtaine de mots par phrase), donnez du rythme ;
- créez un maillage interne (renvoyez vers d'autres pages du site) ;
- remplissez le meta title et la meta description.

Et pour le confort de lecture, et une page agréable, illustrez votre article. Stop aux blocs de texte, pensez à la rétine des internautes… Et profitez-en pour véhiculer, *via* l'image, de l'émotion, tout à fait.

Conseil d'amie : priorisez vos actions SEO. Avant toute chose, identifiez et priorisez les pages qui sont optimisables et celles pour lesquelles vous perdrez votre temps.

Pour cela, procédez ainsi :

> listez dans un fichier Excel ou Google Sheet le nom de vos pages et articles ;
> créez plusieurs colonnes :
  - numérotation de vos textes ;
  - nom de la page (titre) ;
  - article ou page ;
  - URL ;
  - mot-clé principal ;
  - balisage (oui/non) ;
  - meta description (oui/non) ;
  - meta title (oui/non) ;
  - commentaires (allez-vous optimiser ce texte ? oui/non).

Par ailleurs, même si vous décidez de ne pas optimiser un texte, veillez à renseigner son meta title et sa meta description. Et bien sûr, **aérez le texte**. Le fait d'aérer le texte n'a pas d'impact direct en SEO, c'est simplement plus agréable pour l'internaute qui navigue sur votre site et cela permet, dans la majorité des cas, de le faire rester plus longtemps. Ce qui, je vous le rappelle, est un signal favorable pour notre ami Google.

Reprendre tout votre contenu sur votre site est donc une idée de génie pour votre SEO et vos positions sur

Google. D'ailleurs, voici une petite anecdote personnelle juste pour vous.

Fin 2017, sur un de mes sites, je découvre le SEO... J'avais déjà rédigé pas moins d'une cinquantaine d'articles sans connaître l'importance des bonnes pratiques en référencement naturel. Sur les conseils de Lucie Rondelet[2], je prends le parti d'optimiser mes articles.

Je m'applique donc, à raison d'une à deux heures de travail par article de blog, à optimiser ces contenus comme nous venons de le voir. Résultats ?

En un mois, je suis passée de 100 visiteurs par jour à plus de 300 ou 350. Enfin !

J'ai eu pour la première fois la preuve par le résultat que oui, il est possible d'optimiser des contenus existants. Pour les faire devenir des leaders sur Google. En quelques semaines, certains articles positionnés quarantièmes, cinquantièmes sont passés... en première page !

Bon, il y a eu un gros effort de reprise de texte. Sur le contenu lui-même, la lisibilité, la clarté du propos, la structure (balisage) et les mots-clés.

Mais à l'époque, je n'avais pas sur ce site la vision limpide que j'ai maintenant quand j'en crée un. Je ne savais pas exactement à qui je m'adressais, pourquoi, et dans quel but. Je ne l'avais pas assez défini. Par peur du manque, par peur de perdre des potentiels visiteurs (et futurs clients). L'énergie du manque ne vous permet

2. https://formation-redaction-web.com/

pas de prendre les bonnes décisions, elle floute votre vision et vos objectifs. Elle est trompeuse… (Nous en reparlerons en détail dans la partie 3 de cet ouvrage.) Cette difficulté à trancher et se positionner sur son site est extrêmement fréquente. Quand je travaille avec mon équipe pour le service 1re sur Google[3], je le vois encore…

Ce travail d'optimisation SEO m'a obligée à me positionner. Aujourd'hui, j'ai pleinement conscience que la clé d'un site à succès – au-delà du SEO –, c'est aussi le positionnement. À qui je m'adresse, avec quel ton, quel vocabulaire, quels sont les besoins de ma ou mes cibles. Qu'est-ce que je propose comme solutions, quels sont les bénéfices, etc.

Le travail d'optimisation du SEO passe donc par une phase de positionnement ou de repositionnement qui vous permettra de choisir correctement vos mots-clés, et d'éviter de passer du temps sur une page qui ne correspond à aucun mot-clé pertinent pour vous. Si tel est le cas, laissez de côté cette page, ne perdez ni votre temps, ni votre énergie précieuse. Prenez le parti de créer une nouvelle page ou un nouvel article. Certes, cela vous demandera une nouvelle rédaction, mais ce sera cette fois avec les bonnes pratiques SEO et rédactionnelles à votre portée.

Malin, non ?

---

3. https://maite-consulting.com/service-seo-1ere-sur-google/

LA CRÉATION DE CONTENU SEO *FRIENDLY*

Nous y voilà ! La création de nouveaux contenus qui feront frétiller d'envie Google et l'internaute. Des textes aussi appétissants qu'un chocolat chaud au coin du feu un 25 décembre... Une douceur dont vous ne voudrez plus vous passer.

Pour créer un nouveau texte (page ou article), il suffit de reprendre les éléments précédemment indiqués. Repartez sur la base des mots-clés à utiliser sur votre site, et rédigez.

Comme pour l'optimisation de l'existant, quand vous créez un nouveau texte vous devez :

- utiliser un mot-clé en fil conducteur ;
- le placer dans votre H1 et au moins un H2, ainsi que trois ou quatre fois dans le corps du texte (pour un article de 500 à 700 mots) ;
- utiliser un vocabulaire et champ lexical cohérent avec votre mot-clé ;
- apporter de la valeur ;
- réaliser un maillage interne (lien vers une autre page du site) ;
- remplir le meta title ;
- soigner la meta description.

La technique rédactionnelle qui transformera votre texte en pépite, et qui rendra addict l'internaute, sera dévoilée en partie 2, patience.

Avant d'appliquer à la lettre ces bonnes pratiques, vous devez **penser à votre plan général**. À votre stratégie.

Un peu comme le plan d'un architecte avant de lancer la construction d'une somptueuse villa.

Vous imaginez, vous, la construction de la Sagrada Família sans plan préalable ?

Non, c'est bien ce que je pensais.

Pour vous assurer une stratégie SEO béton, il est de bon ton de coucher sur le papier un plan général. À la manière d'un arbre généalogique (non, vous n'allez pas renseigner la date de naissance de tata Jojo), votre plan général vous donne une vue d'ensemble.

C'est ce qui vous permet d'identifier à quoi sert chaque page ou article sur votre site. Votre rôle est d'imaginer le parcours idéal de votre internaute.

Par exemple, il est novice sur votre sujet « couture » (il peut aussi être intermédiaire ou avancé). Il arrive sur votre site *via* un article qui traite du matériel indispensable au couturier débutant.

Qu'attendez-vous de l'internaute à la fin de l'article ? Quel est le parcours idéal pour qu'un novice devienne client (si vous vendez une formation en ligne sur la couture) ?

Vous identifiez ainsi différents niveaux pour vos articles : il y a ceux qui attirent un internaute, qui éveillent à une problématique. Puis, il y a ceux qui vont plus loin dans la démarche, et qui expliquent que des solutions existent. Enfin, il y a ceux qui amorcent les explications d'une solution, et qui renvoient vers une solution complète (payante).

Le chemin de votre internaute est tracé, balisé, pour l'accompagner au mieux. Le SEO vient appuyer ce parcours, en tant que **facilitateur pour attirer les bons internautes sur votre site**. D'où l'importance de choisir avec soin vos mots-clés et de traduire l'intention de l'internaute.

Tout ceci s'inscrit aussi dans un parcours pour votre client idéal. Tous vos clients n'achètent pas un produit à leur première visite de votre site. Tout dépend de leur besoin et de leur niveau de conscience de ce besoin, cette problématique.

Le SEO vous permet alors de vous positionner sur Google au bon moment, avec la bonne solution, face au bon internaute. Merveilleux, non ?

Et maintenant ?

À vous de jouer pour trouver vos mots-clés, optimiser vos pages, et créer vos nouveaux contenus SEO *friendly*. Le SEO n'est pas un sprint, mais une course de fond. Sincèrement, je trouve le référencement naturel vraiment incroyable. Il possède un pouvoir magique, c'est l'arme ultime pour votre visibilité sur Internet.

Vous êtes une femme brillante, incroyable, avec un business qui mérite de prendre la lumière ! Le SEO est votre allié, vraiment.

J'ai hâte de découvrir vos résultats après avoir appliqué les astuces que je vous dévoile dans ce livre. Constater vos *remontadas* dans les résultats, vous voir savourer cette hausse de trafic sur votre site et ce que cela sous-entend...

Pause inspirante

CHARLOTTE APPIETTO, DE L'IMPORTANCE DU *MINDSET*

Partons à la découverte de Charlotte Appietto. Charlotte est la fondatrice de Pose Ta Dem', qui accompagne les personnes pour envisager une reconversion professionnelle, réinventer leur vie pro, et se lancer dans leur projet. Un site Internet, un livre, et un podcast du même nom font partie du mouvement Pose Ta Dem' lancé par Charlotte.

Créée il y a quatre ans, entièrement digitalisée, Pose Ta Dem' est aujourd'hui une structure qui progresse avec une équipe de 12 free-lances, et un CA de plus de 300 000 euros sur 2021. Charlotte vous dévoile aujourd'hui sa vision du web dans l'entrepreneuriat. On y va...

J'ai commencé Pose Ta Dem' avec l'idée de créer un média unique et complet autour de l'univers de la reconversion. J'ai utilisé le web pour cela, et particulièrement mon site Internet avec la création de deux à trois contenus par semaine (articles). Le contenu et l'aspect communauté sont deux piliers forts que j'ai choisi d'utiliser dans mon entreprise.

Beaucoup de contenus, créer une émulation autour de ça, créer un groupe privé pour permettre aux internautes d'échanger sur le sujet... Voilà la base de ma communication web. Ensuite, la publicité est venue en soutien, tout comme les réseaux sociaux. L'écosystème autour de Pose Ta Dem' est donc : le site Internet (avec la création soutenue de contenus), la publicité et les réseaux sociaux.

Personnellement, je pense que le succès d'un site repose sur plusieurs piliers dont la transparence des informations, et la qualité. Voilà pourquoi j'ai pensé le site comme un média, qui donne rendez-vous aux internautes régulièrement pour créer des habitudes de consommation de contenus. C'est ainsi qu'une communauté se construit, qu'elle prend plaisir à revenir sur un site, s'informer, mûrir son projet... et, pour certains internautes, acheter ensuite.

Un autre pilier est l'ergonomie du site : est-ce intuitif, fluide, agréable, moderne... ? Et est-ce qu'il convertit pour récolter des adresses e-mail ? En parlant d'e-mail, c'est un point essentiel pour vendre aussi sur le web. Car on peut créer du lien par e-mail, celui-ci a donc une valeur importante pour un infopreneur. Un internaute qui laisse son adresse e-mail est un potentiel client ensuite, qui peut véhiculer pour toi ton message et devenir un membre actif de ta communauté. Aujourd'hui, je vends mes programmes par e-mail, assurément.

C'est une des erreurs que j'ai pu faire au début : ne pas collecter les adresses e-mail des visiteurs. Ça signifie du trafic, mais en perdant l'opportunité de créer du lien avec lui via *sa boîte e-mail.*

Pour la création de contenu, et spécifiquement d'articles de blog, j'ai aujourd'hui mis en place une politique d'article invité. Le principe ? Des personnes peuvent écrire des articles sur mon site (si elles répondent aux critères de base), ce qui vient alimenter le contenu sans que j'aie à travailler dessus. Ces articles parlent de l'expérience de reconversion de l'auteur par exemple. Cela vient contribuer à la mission et au format « média » de mon site.

Ce qui fait la différence sur un contenu rédactionnel, c'est l'authenticité, l'histoire qui est racontée aussi. Au départ, je créais le contenu moi-même, je connectais les outils entre eux, je faisais du coaching, bref… J'étais plongée dans les contenus.

Aujourd'hui, j'ai gardé le copywriting, *la vision de l'entreprise et le pilotage global du business.*

Pour la partie mindset, *personnellement, j'ai été mon avatar client donc j'ai créé quelque chose pour le moi du passé. J'avais identifié un manque sur le marché (c'est-à-dire pas de contenu inspirant que j'aurais voulu lire ou voir à l'époque). Ça a été mon moteur, et donc une évidence, pour me lancer sur ce marché.*

Je crois que pour travailler ton mindset, *tu dois avoir identifié quelque chose qui coince. Si tout va bien, tu n'as pas besoin de venir creuser. En revanche, dès lors que tu remarques que quelque chose coince, alors tu peux aller regarder derrière. Qu'est-ce qui se cache ?*

- *Une croyance limitante ?*
- *Un blocage ?*
- *Une pensée erronée mais persistante ?*
- *Une peur ?*
- *Une difficulté ?*

Puis, le but est de trouver la personne qui a accompli avant toi ce que tu veux accomplir. Personnellement, j'ai toujours fait des bonds mindset *lorsque je suis allée trouver des personnes qui ont réalisé ce que je souhaitais avant moi.*

Voici mes ingrédients pour un business féminin qui réussit :

- *assumer ton pourquoi (reconnaissance, impact, argent et liberté) ;*
- *clarifier que le business n'est pas toi ;*
- *ne pas chercher à faire tout par toi-même (pour éviter de t'épuiser).*

Ces ingrédients te permettent d'être alignée dans ton entreprise, claire avec ta vision, pour prendre les bonnes décisions business... en pensant aussi à ton bien-être, à toi. Tu n'es pas ton entreprise, ne l'oublie pas.

Vous pouvez retrouver l'intégralité du podcast à cette adresse : https://podcast.ausha.co/pauses-inspirantes/charlotte

Exercice pratique

OPTIMISER ET CRÉER DU CONTENU SEO *FRIENDLY*

Concentrez-vous sur les pages et articles déjà publiés, et identifiez ce que vous choisissez d'optimiser. Puis :

> listez dans un fichier Excel ou Google Sheet le nom de vos pages et articles ;
> créez plusieurs colonnes :
  - numérotation de vos textes ;
  - nom de la page (titre) ;
  - article ou page ;
  - URL ;
  - mot-clé principal ;
  - balisage (oui/non) ;
  - meta description (oui/non) ;
  - meta title (oui/non) ;
  - commentaires (allez-vous optimiser ce texte ? oui/non).

Ensuite, place au concret, pour optimiser vos pages déjà publiées :

> choisissez un mot-clé principal et utilisez-le en fil conducteur ;

> vérifiez que le texte propose un seul titre H1 et *a minima* deux H2 ;
> ajoutez de la valeur, du contenu, du texte (*a minima* 500 mots pour une page, 250 mots pour une fiche produit en e-commerce) ;
> rafraîchissez vos phrases (maximum une vingtaine de mots par phrase), donnez du rythme ;
> créer un maillage interne (renvoyez vers d'autres pages du site) ;
> remplissez le meta title et la meta description.

Ensuite, pour vos nouvelles pages (ou articles), respectez ce schéma :

> utilisez un mot-clé en fil conducteur ;
> placez-le dans votre H1 et au moins un H2, ainsi que trois ou quatre fois dans le corps du texte (pour un article de 500 à 700 mots) ;
> utilisez un vocabulaire et champ lexical cohérent avec votre mot-clé ;
> apportez de la valeur ;
> réalisez un maillage interne (lien vers une autre page du site) ;
> remplissez le meta title ;
> soignez la meta description.

Au boulot (dans la joie et la bonne humeur) !

LES RÈGLES D'OR

> SEO = *Search Engine Optimization.* C'est le référencement naturel, ce qui permet à votre site d'être mieux visible de manière organique, sans publicité.

> Quelques chiffres :

- 91 % des Français utilisent Google pour leur recherche ;
- les trois premières places représentent plus de 75 % des clics sur une recherche.

> Ce qui compte pour les moteurs de recherche :

- la valeur du contenu ;
- les mots-clés ;
- le balisage ;
- le *netlinking* et l'arborescence d'un site.

> Rappelez-vous cette règle phare : 1 page = 1 mot-clé.

> Les indicateurs importants pour les robots :

- 1 – Le temps passé sur une page ;
- 2 – Le comportement sur le site web de l'internaute (taux de rebond) ;
- 3 – Le temps de chargement d'une page ;
- 4 – La fidélité (si l'internaute revient régulièrement sur le site, ou non).

> Un mot-clé, c'est une requête. Autrement dit, une recherche. Plus précisément ce que saisit un internaute

dans la barre de recherche de Google. Un mot-clé « longue traîne » est plus spécifique, donc plus pertinent.

> Les outils du SEO :
- votre cerveau ;
- Answer the public ;
- Neil patel ;
- les suggestions de recherche Google.

> Le balisage permet à Google de comprendre quelle partie de votre texte correspond :
- au titre principal ;
- au paragraphe ;
- aux sous-titres ;
- à un lien interne ou externe ;
- à du texte en gras ou en italique.

> Le niveau de hiérarchie des titres en balisage SEO est compris du H1 au H6.

> Pour optimiser une page et la rendre SEO *friendly* (ou pour en créer une nouvelle), respectez ces étapes :
- choisissez un mot-clé principal et utilisez-le en fil conducteur ;
- vérifiez que le texte propose un seul titre H1 et *a minima* deux H2 ;
- ajoutez de la valeur, du contenu, du texte (*a minima* 500 mots pour une page, 250 mots pour une fiche produit en e-commerce) ;
- rafraîchissez vos phrases (maximum une vingtaine de mots par phrase), donnez du rythme ;
- créez un maillage interne (renvoyez vers d'autres pages du site) ;
- remplissez le meta title et la meta description.

PARTIE 2

LE RÉDACTIONNEL OU COMMENT CRÉER DU CONTENU QUI REND ADDICT

— 1 —

LA TECHNIQUE RÉDACTIONNELLE

LES BASES D'UN RÉDACTIONNEL EFFICACE

Oooh, comme cette partie est excitante ! C'est ici où nous allons vibrer ensemble, ressentir des émotions, créer des souvenirs, nous amuser et expérimenter...

Oui ! Je vous parle désormais de **technique rédactionnelle**. C'est ce qui fait toute la différence et vient appuyer votre stratégie SEO, peu importe votre thématique. Que votre domaine soit technique, artistique, créatif, thérapeutique, digital, il est concerné.

Imaginez un peu...
Vous avez mis en place votre stratégie SEO, identifié vos mots-clés les plus pertinents, optimisé votre site de manière technique... Bravo ! Reste maintenant la méthode rédactionnelle efficace. Celle qui fait mouche à coup sûr. Celle qui rend les internautes complètement addicts à vos contenus. Ils en redemandent, encore et encore.

Pire qu'à la fin de chaque épisode de *Koh-Lanta* après la réunification… Que va-t-il se passer ensuite ? La manière dont vous racontez les événements, dont vous présentez vos sujets est aussi importante que la valeur de votre contenu.

Sur Internet, votre lecteur est extrêmement volatil. C'est normal : entre les SMS, les notifications, les appels, les e-mails… l'attention est limitée. C'est la course à la distraction, et les incitations sont nombreuses.

Et vous, vous avez fait des pieds et des mains pour attirer l'internaute sur votre site grâce au SEO, pas vrai ?

Quand il découvre enfin votre contenu, ce n'est certainement pas le moment de le perdre ! Surtout pas… Si vous voulez éviter de ruiner vos chances de convertir l'internaute en client, vous devez muscler votre technique rédactionnelle. Oui, la muscler.

Ça tombe bien, j'adore cela. En tant qu'ex-rédactrice web SEO, j'ai écrit des centaines, des milliers de textes. Pour mes sites, pour mes clientes. Des articles de blog, des pages, des e-books, des pages de vente, des e-mails, des communiqués de presse… La liste est longue, et l'expérience aussi.

À vrai dire, je sais ce qui fait la différence, ce qui plaît à coup sûr, et pourquoi certains écrits rendent accro instantanément, là où d'autres n'ont aucun impact et moisissent dans leur coin.

Vous voulez connaître le secret ?
Il vaut son pesant de cacahuètes, et je vous assure que vos contenus ne seront plus jamais rédigés de la même

manière. Terminé le fade, l'insignifiant. Et bonjour le contenu magnétique. Ce secret ? C'est : l'**émotion**.

Oui, quoi que l'on en dise, sauf en cas d'extrême urgence, nos achats sont pilotés par nos émotions. Ensuite seulement, le cerveau cherche à rationaliser. Mais au départ, l'émotion nous guide, nous donne l'impulsion, l'élan presque irrépressible.

Voilà pourquoi vous devez, lors de vos rédactions, susciter une émotion. Cela peut être de la joie, de la crainte, de l'enthousiasme, de la curiosité, de l'empathie, de l'étonnement, du doute, du désir, de l'agacement, de l'envie... Peu importe.

Rien de pire qu'un texte technique, sans émotions, barbant à souhait. Typiquement, des CGV. Qui a envie de lire des conditions générales de ventes, qui ?

Personne.

Voilà pourquoi vous devez appliquer les bonnes pratiques rédactionnelles pour sortir du lot dans l'esprit du lecteur. Ça le fait revenir avec plaisir par la suite, et mieux encore, cela aide à le transformer en acheteur conquis.

« À ce point-là, Maïté ? » allez-vous me demander.

Oui. Oui. Oui et oui.

Donc, les bases d'un rédactionnel efficace sur le web sont ici :

- susciter l'émotion ;
- rythmer le texte pour donner envie de lire jusqu'au bout ;

> écrire des phrases courtes ;
> aérer son texte ;
> utiliser des mots puissants (je vous détaille cela un peu plus loin).

Finalement, votre jeu consiste à produire un contenu de valeur, qui apporte une plus-value indéniable à l'internaute tout en construisant votre texte comme les meilleurs scénarios de séries américaines.

Rassurez-vous, c'est assez simple quand vous gardez un point important en tête. Ce point crucial, c'est de **vous mettre à la place de l'internaute**. Oui, telle une mentaliste de renom. La meilleure qui soit. Divertissez votre lecteur, apprenez-lui des *tips*, des astuces, des solutions... Mais apportez de la fraîcheur, du rythme, de la saveur que diable !

Sinon, il ne se souviendra pas de vous. Vous ne marquerez pas les esprits. Vous céderez votre place au prochain entrepreneur qui passera sous les yeux de votre prospect, vraiment.

Donc **rédiger, c'est séduire**. C'est plaire, c'est amadouer, donner confiance, facilement. Et comment draguez-vous, au juste, en 2022 ?

En vous intéressant à votre interlocuteur, exactement. Si vous restez centrée sur vous-même... C'est terminé ! Faites en sorte d'embarquer l'internaute avec vous, aidez-le à se sentir concerné par vos propos.

Comment ?

En utilisant beaucoup plus souvent le « vous » que le « je ». Vous verrez, les internautes y sont profondément sensibles ! Sur votre site comme sur les réseaux sociaux d'ailleurs.

C'est normal et logique, finalement. L'humain est convaincu qu'il est le personnage principal de son film, vous n'êtes que le personnage secondaire (comme le dirait une coach business et *mindset*, Claudia Anatella).

Vous serez donc bien inspirée d'opter pour le « vous » au moins 70 % du temps. Mettez le focus en employant le « vous », et votre cible sera touchée en plein cœur. Conquise.

Vous voulez un exemple « avant/après » ? Bingo, Madame est servie !

Prenons l'exemple d'une naturopathe qui souhaite valoriser certains atouts des huiles essentielles. Elle écrit dans son article de blog intitulé « Ces 7 bienfaits de l'huile essentielle que vous ignoriez ».

(Interro surprise ! Quel est le mot-clé principal ici ?... On s'en reparle en fin d'exemple.)

Avant
« Je préconise d'utiliser l'huile essentielle de citronnelle : elle est utile pour éloigner les éventuels moustiques. Je la recommande en complément de l'huile essentielle de lavande qui viendra apaiser les démangeaisons potentielles de tous types d'insectes (les moustiques, les abeilles, etc.). Il a été scientifiquement prouvé que

l'usage de la substance blablabla fait diminuer l'intensité d'une piqûre. »

Après

« Aïe ! Ça vous démange ? Votre peau pique, brûle ou tiraille ? Ça gratte, vous voudriez planter vos ongles sur la piqûre et gratter, gratter, encore gratter ! À tout hasard, vous étiez sur votre terrasse en fin de journée ? Oui ? Alors, pas de doute : vous venez de vous faire piquer par un moustique tigre !

Rassurez-vous, des solutions sur mesure existent. Pour éviter les piqûres de moustiques ultra-irritantes, essayez de diffuser chez vous de l'huile essentielle de citronnelle. Ses propriétés naturelles font d'elle une arme antimoustique redoutable.

Et s'il est déjà trop tard et que vous vous êtes fait sucer le sang jusqu'à la dernière goutte par un moustique vorace ? Pas de souci... Votre alliée se nomme huile de lavande. »

Vous, vous, vous et encore vous.

Le secret pour attirer l'attention et captiver votre lecteur est d'utiliser le « vous ». Et de susciter de l'émotion (vous aviez envie de vous gratter à la lecture de la version « après », pas vrai ? C'est normal... C'est le pouvoir de l'émotion).

Impliquer le lecteur avec le « vous », c'est le valoriser. Lui montrer implicitement que oui, vous le comprenez, vraiment. Que vous savez ce qu'il vit, que ses problématiques sont familières et mieux encore... Que vous détenez ses solutions.

Pssttt... Pour le mot-clé principal alors, vous avez trouvé ? Oui, il s'agit bien de « bienfaits huile essentielle », bravo !

CHOISIR DES CONTENUS QUI FONT MOUCHE

Bien, vous avez entre vos mains la méthode pour rendre vos contenus captivants et agréables à lire, parfait. Mais finalement, comment vous assurer que les sujets de vos contenus (posts sur les réseaux sociaux, vidéos, articles) vont plaire à votre cible ?

Très souvent, j'entends mes clientes me dire « je ne sais pas sur quel sujet rédiger », « mes posts ne plaisent pas, n'ont aucune interaction, aucun *like* ni commentaire ». Je sais bien que c'est frustrant, usant et démotivant...

Mais surtout, persévérez ! Avec la bonne technique toutefois...

Pour proposer des contenus qui plaisent à coup sûr, il existe une méthode. Assez similaire à la technique des mots-clés d'ailleurs.

L'astuce, c'est de lister différents éléments à propos de vos internautes cibles :

- les problèmes fréquents qu'ils rencontrent ;

- les connaissances de bases sur votre sujet à transmettre (exemple, la définition de tel ou tel vocabulaire technique) ;
- les centres d'intérêt communs qu'ils peuvent posséder ;
- les valeurs communes qu'ils défendent ;
- ce qui peut les faire rire ;
- ce qu'ils détestent ;
- les phrases, courants de pensée, citations qui leur plaisent.

Couplez cela à ce que vous jugez important de leur transmettre, ainsi que ce que vous avez envie de mettre en avant (avantages, bénéfices, effets positifs...). Voilà, vous tenez une excellente base de contenus qui donnent **envie**.

Sortez du lisse, du classique, osez amener votre approche, votre regard, votre vision. C'est crucial pour faire la différence. Communiquez avec authenticité, avec panache, avec conviction. Soyez vous-même ! À travers vos écrits, vos vidéos, vos audios même. Internet est un espace de parole incroyable. Vous êtes une femme fantastique, avec un business qui est une pépite brute.

Évidemment, si vous craignez que créer du contenu soit fastidieux, long et douloureux... Ça le sera, assurément. En revanche, si vous pensez que proposer des contenus sera fun, amusant, facile et stratégiquement intéressant pour vous, ça le sera aussi !

Laissez votre communication vous refléter.

« SOYEZ-VOUS MÊME, TOUS LES AUTRES SONT DÉJÀ PRIS » – OSCAR WILDE

Il existe une méthode vraiment intéressante pour diffuser du contenu de qualité sans s'épuiser à la tâche : **la réutilisation de vos contenus**.

Par exemple, si vous possédez un podcast, je vous invite à publier également votre épisode en audio au format vidéo. Si votre épisode se nomme « 7 astuces pour vous libérer de la charge mentale », vous pouvez par exemple décliner cet épisode en plusieurs posts Instagram et Facebook...

- Post 1 : C'est quoi la charge mentale ?
- Post 2 : Le yoga pour vaincre la charge mentale (qui est l'astuce 2 de votre épisode podcast)
- Post 3 : Le mantra à vous répéter pour venir à bout de la charge mentale
- Post 4 : 88 % des femmes souffrent de charge mentale
- Post 5 : 7 astuces puissantes pour dire au revoir à la charge mentale (carrousel)
- Post 6 : 5 astuces qui ne marchent pas pour éliminer la charge mentale
- Post 7 : Liberté : adieu la charge mentale

En parallèle, vous pouvez rédiger un article SEO *friendly* sur le même thème. Ou enregistrer une master class offerte en bonus à télécharger pour agrandir votre *mailing list*. Finalement, les possibilités sont infinies... Il suffit d'ouvrir son champ des possibles, sa perception.

Recyclez vos contenus, vous gagnerez un temps fou. Mais **alternez les thèmes, les angles**, pour que cela soit digeste pour l'internaute. Vous devez le surprendre, l'intéresser, le convaincre subtilement de vos capacités à résoudre ce besoin.

Créer ce type de posts ou d'articles s'appelle **la stratégie de contenu**. Il s'agit de donner de la valeur, donner avant de recevoir. Vous attirez votre cible grâce à la pertinence et la qualité de ce que vous produisez.

Classe, pas vrai ?

Personnellement, j'adore. Vous n'avez pas à forcer, juste à communiquer autour de sujets qui vont marquer les internautes. Nul besoin de créer du buzz, de la stratégie ultra-complexe ou que sais-je.

Le choix de vos sujets, vos connaissances, et la manière de rendre vos textes irrésistibles sont les ingrédients parfaits pour rendre vos lecteurs addicts. Faites-vous confiance et laissez votre bon sens faire le reste !

Pensez également aux différents stades de connaissance du sujet de votre audience. Sont-ils :

- novices ?
- intermédiaires ?
- confirmés ?

Cela vous permet d'identifier différentes problématiques ou sujets à traiter en priorité. D'ailleurs, je ne l'ai pas encore mentionné, mais les internautes raffolent de certains types de contenus.

Lesquels ?

Ceux à base de « comment », « solutions », « astuces », « techniques de pro », « rapidement », « facilement ». Les « secrets » ont également la cote, tout comme les « meilleures façons de »...

Alors à vos claviers ! Mixez le tout afin de rédiger des articles de blog SEO *friendly* qui rendent accro les internautes. Créez des posts viraux, que tout le monde voudra partager à tout va.

Soyez futée !

LES ERREURS À BANNIR ET LES LEVIERS CLÉS

Après les bonnes pratiques, vous prendrez bien un peu d'erreurs à bannir à tout jamais, non ? Histoire de vous éviter des heures de création d'articles ou posts que personne ne lit.

Aïe, votre ego est touché, piqué. C'est normal.

Quand vous mettez tout votre cœur pour bien faire, il est démoralisant de ne constater aucun résultat.

Prête à découvrir les pratiques à fuir comme la peste ? Allons-y !

1. Les mauvaises pratiques sur le web

Parlons de ce que vous mettez peut-être en place aujourd'hui en pensant bien faire, mais qui plombe votre stratégie web (hors réseaux sociaux).

Les mauvaises pratiques web avec la newsletter

À tout hasard, possédez-vous une newsletter ?

Si vous venez de hocher la tête, je vous félicite, c'est une excellente idée afin de constituer une *mailing list* et obtenir les adresses e-mail de vos abonnés. Dans le jargon du digital, il est fréquent d'entendre que « l'argent est dans la liste e-mail ».

Pourquoi ?

Parce que l'e-mail est le moyen privilégié de communiquer avec votre cible. Rendez-vous compte : une personne vous a expressément donné l'autorisation de communiquer avec elle par e-mail ! C'est une sorte de contrat implicite : cet internaute souhaite être informé comme un proche de ce que vous mettez en place. Vos offres, vos news, ou autre.

Mais attention, l'erreur approche à grands pas. Personnellement, elle me hérisse déjà le poil.

De quelle erreur parle-t-on, au juste ?

De celle de nommer « newsletter » l'envoi de vos e-mails pro. Franchement, qui a envie de « s'inscrire à une newsletter » ?

Personne.

Absolument personne. C'est ringard et ennuyeux au possible. Non !

Par contre, l'idée de proposer un *leadmagnet* (aussi appelé *freebie**, voir le glossaire page 267) est une idée fantastique que je vous recommande. Le but ? Proposer un bonus offert à télécharger en échange d'une adresse e-mail de l'internaute.

Car ce que l'internaute souhaite, c'est accéder à un bonus offert qui l'attire terriblement. Qui lui donne envie de vous confier son adresse e-mail. C'est dire à quel point votre bonus doit être attractif, non ?

Donc, par pitié, ne jamais au grand jamais, employer le terme « newsletter ». Terminé.

À la place, proposez de rejoindre la liste VIP (si vous n'avez pas de bonus à proposer en échange), et mieux, bien sûr, de télécharger le guide complet du « sujet de votre site ».

Par exemple, « cliquez ici pour recevoir votre guide complet des bases du SEO » est 1000 fois plus sexy que « inscrivez-vous à la newsletter de Maïté Ropers ». Pas vrai ?

Alors, remuez vos méninges et lancez-vous : bye-bye le terme « newsletter » !

Les mauvaises pratiques YouTube

Hum, le saviez-vous ? Sur YouTube aussi, il y a un référencement naturel, des bonnes pratiques, une méthode pour que vos vidéos canons sortent du lot.

Après avoir passé une heure à enregistrer dix minutes de vidéo, réalisé le montage, uploadé votre film (cinq heures de chargement quand le débit est faible... Ça sent le vécu, pas vrai ?)...

Ne déléguez pas au hasard la mise en ligne de votre vidéo. En effet, vous êtes bien trop nombreuses à « juste » vouloir la mise en ligne de votre film. Un peu comme si vous vouliez vous en débarrasser, vite, en urgence. Un peu comme si vous vous autosabotiez aussi, ou comme si vous vous excusiez de poster un contenu de qualité qui peut aider une foule de personnes. Publier des contenus oui, mais en toute discrétion...

Hum, c'est antinomique avec votre statut de femme puissante, en route vers le succès avec son business !

Bref, que faut-il éviter à tout prix ?

Ne pas remplir correctement TOUS les points proposés par YouTube. Soyez scrupuleuse et consciencieuse sur cette partie. Si YouTube vous demande de compléter une quinzaine de champs, ce n'est pas pour rien. Tous ont une fonction, et une en particulier est extrêmement utile : les tags.

Les tags, ce sont comme les # avec Instagram, ou les mots-clés en SEO. Vous l'avez certainement remarqué, YouTube fonctionne *via* une barre de recherche. Donc, comme pour un site Internet à référencer, il existe un moteur de recherche spécifique pour les vidéos.

Sauf que... Une vidéo reste une succession d'images, que les robots ne comprennent pas. Vous devez les traduire à l'écrit pour que les robots comprennent et trient vos vidéos. Vu ?

Voilà pourquoi vous devez impérativement soigner le choix de vos tags (au maximum 20), en vous mettant dans la peau de l'internaute. Demandez-vous ce qu'il peut saisir comme recherche sur YouTube, et partez de cette base. Limitez-vous à deux ou trois mots par requête (exemple : « tuto changer roue », plutôt que « vidéo qui montre comment changer une roue »).

Puis **adossez un mot-clé principal** (que vous mettez dans vos tags, bien sûr). Cette requête-là doit aussi être présente dans votre titre et dans le texte descriptif de quelques lignes que vous saisissez.

Cette section « **description** » est souvent oubliée, sautée (par fainéantise, c'est vrai) alors qu'elle est précieuse et cruciale pour un bon référencement de vos vidéos. C'est précisément cet espace qui permet à YouTube d'en comprendre le contenu.

Soignez cette description, en reprenant ces éléments :

- le titre de votre vidéo ;
- un descriptif de quelques lignes (5 à 15) du sujet de votre vidéo ;
- facilitez le visionnage de l'internaute et notant les temps forts avec le timing, par exemple : 00:15 introduction, 01:15 : le matériel pour changer une roue, 02:21 utiliser le cric... ;
- insérez un CTA (*call to action*, soit « appel à l'action ») en fin de description avec le lien pour vous contacter ou vous suivre sur les réseaux sociaux, le lien de votre bonus téléchargeable ;

- utilisez du vocabulaire en lien avec votre sujet, un champ lexical cohérent.

Pour vous aider à identifier les tags populaires sur votre sujet, je vous conseille de télécharger cette extension gratuite « YouTube Tags ». Testez, vous verrez !

Pensez aussi – avant de la télécharger – à **renommer votre vidéo** avec le titre que vous avez choisi (qui contient votre mot-clé principal).

D'ailleurs, n'oubliez pas que faire l'impasse sur les bonnes pratiques de référencement YouTube vous prive aussi d'une présence sur Google. En effet, pour certaines requêtes « tuto » par exemple, les vidéos arrivent en tête des résultats. Seules trois vidéos YouTube sont suggérées entre les résultats textes.

Vous avez votre coup à jouer ! Vous êtes une femme qui compte, votre message compte. Même si parfois, vous avez peur... de vous, de vous exposer, de vous rendre visible, de la critique, du rejet.

Même si... Foncez ! Partagez ! Créez ! Prenez votre place, sur le web et ailleurs.

Donnez-vous les moyens de réussir sur le web et de propulser votre business féminin, y compris avec les vidéos. Vous toucherez ainsi un autre type d'internaute, sensible aux images, au format vidéo.

Les mauvaises pratiques avec les *backlinks*

Dans la famille des erreurs sur le web à jeter aux oubliettes à tout jamais, parlons de nouveaux des *backlinks*. Rappelez-vous, nous l'évoquions dans la première partie de cet ouvrage : un *backlink* est un lien d'un autre site qui pointe vers le vôtre, une sorte de recommandation implicite aux yeux de Google.

Bon. Il peut être vraiment tentant de se dire « OK, puisque les *backlinks* comptent, je vais en acheter en masse », car bien sûr, oui, ce type de service en ligne existe.

Mais NON, ne le faites pas. Jamais.

Acheter des *backlinks* en masse en espérant que Google comprenne que votre site est incroyable et donc, vous positionne en meilleure place est une utopie.

Et vous risquez gros à ce petit jeu. Notre ami Google sait repérer le « *fake* » et bannit les tricheurs. Oui.

Voyons un peu ce qui met la puce à l'oreille du moteur de recherche :

- un ajout soudain de multiples liens vers votre site (surtout si d'ordinaire c'est le calme plat) ;
- l'arrivée massive de trafic en provenance d'un site de faible autorité ;
- le timing : dix nouveaux liens sur une nouvelle journée, c'est non. Un nouveau lien tous les quatre jours, ça passe ;
- la provenance de ces liens : si le lien provient d'un site brésilien alors que vous rédigez en français, c'est étrange ;

- la qualité des liens : si le site qui vous recommande est un site rempli de spams, cela ne va pas vous aider.

En bref, **privilégiez l'authenticité**, les vrais *backlinks*. Ou éventuellement l'achat d'un *backlink* de qualité, adossé à un article bien rédigé où vous êtes mentionnée.

Sachez également qu'il est possible de désavouer des *backlinks* de faible qualité qui vous dérangent. Par exemple, lorsqu'ils proviennent de sites pour adultes qui aiment réaliser une activité nus en prenant du plaisir... Un lien d'un site X qui pointe vers le vôtre vient plutôt nuire à votre autorité aux yeux de Google. Sauf si vous vendez des accessoires pour adultes, il va de soi.

Les mauvaises pratiques avec les pages de votre site

Enfin, revenons au SEO « pur » avec les mauvaises pratiques sur les articles ou pages d'un site. Vous l'avez déjà compris, mais une piqûre de rappel est appréciable.

Pour votre site, **bannissez à tout jamais le *duplicate content*** (autrement dit, le contenu dupliqué). C'est mal, très mal.

Vous pouvez vous inspirer de sujets sur d'autres sites, mais ne recopiez jamais au grand jamais mot pour mot un texte. C'est un vol de propriété intellectuelle et au-delà de ça, c'est sanctionné par Google.

Votre site peut se retrouver rétrogradé dans les fins fonds du web et ce n'est pas ce que vous voulez, pas vrai ?

Au-delà du contenu dupliqué, ce que vous devez fuir se trouve ici :

- un contenu pauvre, inintéressant ;
- pas de stratégie SEO ;
- un site *non responsive* (qui ne s'adapte pas correctement à la lecture sur mobile) ;
- trop peu de texte sur vos pages ;
- du contenu dense, une page non aérée ;
- un site extrêmement lent (faites le test de vitesse de votre site gratuitement avec Page Speed Insights).

Pour les pratiques web, nous avons fait le tour de l'essentiel, parfait. Maintenant...

2. Les mauvaises pratiques sur les réseaux sociaux

Passons aux pratiques nuisibles sur les réseaux sociaux... Instagram en tête de liste ! J'imagine que vous ne savez plus sur quel pied danser avec les réseaux sociaux, pas vrai ?

Je vous comprends. Un jour on vous assure que la tendance c'est TikTok, le lendemain c'est LinkedIn et le surlendemain Instagram et le format Reel ?

C'est à y perdre son latin, oui.

Parmi les mauvaises pratiques sur les réseaux sociaux, retenez bien celle-ci : vous fier à tout ce que vous entendez. S'agissant de votre présence sur les réseaux, posez-vous deux questions :

- quelle plateforme utilise votre cible ?

- quelle plateforme aimez-vous utiliser ?

Ne vous acharnez pas à poster sur TikTok juste parce que c'est la mode. Si votre cible utilise et consomme des contenus sur Facebook… rendez-vous sur Facebook !

Et si vous ne prenez aucun plaisir sur ce réseau, déléguez sa gestion. Normalement, plus vous prenez plaisir à utiliser un réseau social, plus « la mayonnaise prendra ». Votre cible, votre internaute idéal aime se connecter à l'humain, à l'émotion, rappelez-vous-en.

Instagram

Concentrons-nous un instant sur Instagram, d'accord ?

Arrêtez de penser qu'il existe une méthode unique qui fonctionne à coup sûr. C'est faux. Oui, il existe des bonnes et des mauvaises pratiques, mais elles sont ajustables à votre business !

Parmi les fausses idées sur Instagram :
- poster tous les jours absolument ;
- publier à heure fixe ;
- utiliser des # à gros volume ;
- faire des *stories*, des lives, des IGTV, des Reels… plusieurs fois par jour.

Et pour les pratiques à bannir alors ? Arrêtez immédiatement :
- de vous abonner à des centaines de comptes pour espérer un retour ;

- de pratiquer le *follow/unfollow* (vous abonner à un compte, puis vous désabonner dans les heures ou jours qui suivent) ;
- de publier chaque jour si cela n'est ni plaisant pour vous, ni pertinent pour votre cible ;
- de créer du contenu vide, creux ;
- de copier très largement un autre compte ;
- d'utiliser plus de 20 # dans votre description ;
- de ne pas utiliser la fonction « lieu » ;
- de liker en masse ;
- d'acheter des faux abonnés pour faire grossir votre nombre d'abonnés (c'est mal, vraiment mal : vous faites chuter votre taux d'engagement ainsi).

Vous connaissez désormais les grandes lignes des mauvaises pratiques sur Instagram. Ce que je vous recommande pour une bonne visibilité sur ce réseau social, c'est du bon sens. Comme pour le trafic de votre site web, **préférez la qualité à la quantité**.

Mieux vaut 1000 abonnés engagés, intéressés, que 10 000 qui ne regardent jamais vos contenus et qui – pire encore – ne deviendront jamais clients. Je suis l'exemple parfait que l'on peut vendre avec une petite communauté sur Instagram.

J'ai vendu mon service « 1re sur Google » avec seulement 120 abonnés sur Instagram. Dont mon père, ma sœur, mes amies d'enfance… Tout le monde débute à zéro abonné, c'est normal.

Votre but est d'attirer les bons abonnés, susceptible à terme de devenir clients. Comment les attirer, finalement ?

Encore une fois : en vous mettant dans leur peau. Quelles sont leurs préoccupations ? Qu'est-ce qui les intéresse ?

Créez des posts autour de ces sujets, mettez-y aussi votre âme, de l'humain. Les réseaux sociaux existent pour se connecter, entre humains. Utilisez-les avec cette dose d'humanité. **Ce sont les émotions qui connectent et font vendre, ne l'oubliez jamais.**

Facebook

Facebook est, vous le savez, le réseau social historique par excellence. Même si la tendance actuelle est davantage sur les formats photos et vidéos (avec Instagram en tête de liste), Facebook est un réseau intéressant.

Ce que je vous recommande d'éviter sur Facebook, c'est de partager des sujets qui n'intéressent personne. Vous vous rappelez les premières publications de 2008-2009 ? « Solène a écrit : “Pas le moral.” »

Bon, ça, c'est terminé. D'autant que vous avez la possibilité, sur Facebook, de créer du contenu sous un compte « personnel », mais aussi professionnel avec une page, ou encore un groupe privé.

Variez les plaisirs et les formats. **Créez de l'interaction** avec vos abonnés. C'est ainsi que l'algorithme vous rendra plus visible (par défaut, un utilisateur ne voit dans son *feed* que 10 à 15 % des comptes auxquels il est abonné).

Parmi les pratiques les plus critiquées (à juste titre) sur Facebook, ce sont les « demandes d'amis » intrusives.

Oui, il est important de créer du lien et de socialiser *via* ce levier-là, mais par pitié, personnalisez vos demandes.

Et ne soyez pas frontale, ceci est perçu comme une agression sur Facebook. Évitez donc d'envoyer un message bateau comme : « Bonjour, je t'invite à rejoindre ma page. Tu y trouveras des contenus sur la mode et un catalogue de jeans à prix mini. Utilise ce code promo BLABLA. Je t'attends. »

Non. Non. Et non !

Créer du contenu qui attire, c'est beaucoup plus puissant. Éventuellement, prenez contact en message privé, oui, mais pour vous intéresser à votre interlocuteur. Pas pour le pousser à s'abonner.

C'est *cheap*. Vieux jeu. Et ça ne fonctionne pas. Aux oubliettes donc !

Voilà. Vous savez désormais quelles sont ces pratiques web à éloigner de vous rapidement. Vous êtes capable de le faire, vous méritez d'être visible, votre business féminin est la solution pour des personnes dans ce monde. Prenez place !

Pause inspirante

SAFIA GOURARI, CONFIANCE, ADAPTABILITÉ ET *MINDSET*

Maintenant, c'est à Safia de partager son expérience avec vous. Elle s'appelle Safia Gourari, son rôle est d'aider les entrepreneurs du digital à se faire connaître *via* le podcast et les réseaux sociaux, puis à utiliser des stratégies marketing pour développer leur business. Safia, honnête, authentique, partage énormément avec sa communauté et c'est une des clés de son succès. Leader sur le domaine du podcast et la création de podcast (le sien s'appelle Build Yourself), elle a à cœur de proposer un service qui a du sens pour elle et ses clients.

Son podcast atteint les 700 000 téléchargements, son compte Instagram compte 51 000 abonnés fidèles, son site Internet flirte avec les 30 000 visiteurs par mois... Le tout pour un CA proche des 20 000 euros par mois.

Prête à en savoir davantage ? On y va...

À la base, je ne suis pas du tout réseaux sociaux. Du tout... Voilà pourquoi j'ai utilisé deux formats pour communiquer : mon site Internet avec Google et Pinterest. C'était bon et juste pour moi d'utiliser au départ ces deux moteurs de recherche, plutôt que des réseaux sociaux... Ça ne me demandait pas de m'exposer au quotidien et correspondait à ma vision, qui est de proposer du contenu qui dure dans le temps.

Pinterest fonctionne sur le même modèle que le SEO : un mot-clé, du contenu écrit de qualité, etc. Ce sont donc ces deux outils que j'ai choisis initialement pour me faire connaître. Comme je suis de nature introvertie, me rendre visible était un vrai défi au départ pour moi. Donc utiliser le référencement était un bon levier, qui correspond à ma personnalité, pour partager autour de mon expertise, tout en restant dans ma zone de confort.

Après deux ans de blog, j'ai eu envie de plus d'instantanéité, plus d'interactions. Je me suis donc tournée naturellement vers le format podcast. Je n'étais pas prête pour la vidéo (rapport à ma nature plutôt introvertie, je le rappelle)... Le podcast m'a semblé être un excellent compromis pour me permettre de faire un premier pas (à travers ma voix) sans me dévoiler pleinement.

Pour revenir sur le site Internet, je pense qu'il y a deux choses qui font le succès d'un site. Premièrement, son ergonomie : la facilité d'utilisation, la clarté, la compréhension (où cliquer, pourquoi, etc.), la vitesse... D'un point de vue utilisateur, c'est agréable de naviguer sur un site intuitif. Deuxièmement, c'est bien sûr la qualité du contenu.

Tu m'as demandé, Maïté, quel est le secret d'un contenu rédactionnel qui marche à coup sûr... Je pense qu'il faut que ce soit attractif et à haute valeur pour la personne qui va le consommer. Ce qui fait qu'un contenu marche, c'est qu'il y a vraiment de la matière dedans et que c'est facile à consommer, puis à appliquer, reproduire. Le but : toujours faire en sorte que l'internaute ait une action à accomplir pour le rapprocher de son but à la fin du contenu.

Autre chose, personnellement, je ne mets pas de limite fixe à ce que je donne en gratuit et ce qui se trouve dans un format payant. Pourquoi ? Parce que je pars du principe que quand tu donnes de la qualité en gratuit, les internautes vont se dire « waouh, si j'ai déjà ça en gratuit, qu'est-ce que ça va être en payant ». Je n'applique pas le « dans le gratuit c'est le pourquoi, et dans le payant c'est le comment ». Non, personnellement, je donne et je n'ai pas peur de manquer ensuite.

Au début de mon business, mon moteur pour y croire a été de me créer un travail qui me plaise vraiment. C'était mon but : kiffer. Avant, j'étais juriste et ça ne me plaisait plus. Je savais que j'étais capable de rédiger pour un blog, je savais donc que j'allais pouvoir réussir à créer mon emploi de rêve. Tu sais toujours ce que tu ne veux pas ou plus, mais tu as des difficultés à savoir ce que tu veux vraiment faire. C'est identifier quelque chose qui m'a plu (le web) qui m'a donné l'impulsion d'y croire.

Aujourd'hui, je pense sur le long terme pour ma vision d'entreprise. C'est ça qui a changé dans mon business, essentiellement. Je le fais pour moi, mais aussi pour mon équipe qui travaille avec moi, pour ne pas me disperser.

Élément de changement également pour moi, maintenant, j'analyse mes chiffres, mes statistiques. Je te recommande vivement de le faire aussi. Il existe une multitude d'outils pour te permettre de le faire et comprendre ou traduire le comportement des internautes. C'est très précieux.

Avant, j'étais très axée stratégie marketing uniquement... Jusqu'à ce que je comprenne que le mindset*, l'état d'esprit, était un facteur clé dans le succès d'une entreprise. C'est important d'avoir un équilibre entre stratégie et travail intérieur. D'autant plus qu'au fil des ans, la stratégie est maîtrisée, mais que le travail de pensée, lui, reste à développer. Aujourd'hui, je me demande toujours avec quelle énergie je fais les choses.*

Je m'explique. Dès lors que je mets une action en place pour mon business (mettre une story*, lancer une offre, etc.), je me demande comment je le fais. Exemple : est-ce que je le fais par envie (de partage, de joie) ou par peur (de manquer, de ne pas avoir de clients, de ne pas atteindre mon objectif de CA).*

J'ai appris à arrêter de faire des actions sous l'impulsion de la peur (du manque, du rejet, du jugement) pour me concentrer sur l'envie. On ne s'en rend pas compte, mais les personnes en face captent ton énergie avec laquelle tu fais les choses. Donc si tu le fais par contrainte, ça se sent. En revanche, si tu le fais par plaisir, ça se sent aussi. Et c'est une énergie qui fait vendre, l'envie, le désir. Ça change toute ma façon de faire, et ça donne plus d'impact.

Il y a trois ingrédients que j'ai envie de partager avec toi pour propulser ton business féminin, c'est simple.

- *Fais-toi confiance (et détache ta personne de l'entreprise).*
- *N'aie pas peur d'évoluer, de changer de trajectoire.*
- *Fais un travail intérieur, écoute-toi au quotidien (utilise le* mindset*).*

Pour retrouver l'intégralité de l'interview au format podcast, rendez-vous ici : https://podcast.ausha.co/pauses-inspirantes/safia

Exercice pratique

CRÉER DU CONTENU ADAPTÉ

Vous avez envie de rédiger des contenus qui touchent en plein cœur les internautes qui découvrent votre univers ? C'est possible !

Pour cela, je vous propose une technique assez similaire à celle des mots-clés. Il s'agit de lister différents éléments à propos de vos internautes cibles :

- les problèmes fréquents qu'ils rencontrent ;
- les connaissances de base sur votre sujet à transmettre (exemple, la définition de tel ou tel vocabulaire technique) ;
- les centres d'intérêt communs qu'ils peuvent posséder ;
- les valeurs communes qu'ils défendent ;
- ce qui peut les faire rire ;
- ce qu'ils détestent ;
- les phrases, courants de pensée, citations qui leur plaisent.

— 2 —

LES *TIPS* DE FEU

LES MOTS PUISSANTS

Je m'apprête à vous dévoiler ce qui fait toute la différence entre un texte que personne ne lit, que personne ne retient, dont tout le monde se fiche et un contenu qui ébranle les internautes, qui suscite l'engouement, qui attire des fans irrésistiblement (pire encore que les midinettes avec Leonardo DiCaprio à l'époque de *Titanic*).

Des mordus qui deviennent instantanément acquis à votre cause.

Le mieux dans tout ça ?

C'est que ce *tip* de feu est accessible à toutes, que cela ne demande aucun investissement financier, seulement du bon sens.

Prête ?

L'astuce ultime, ce sont **les mots puissants**. Oui, des mots, qui font toute la différence dans votre communication. Les mots possèdent un pouvoir incroyable, ils sont des leviers, des armes, des coups de pouce magiques.

Le choix de vos mots est tout sauf anodin. Et il existe une méthode pour transformer vos écrits plats et sans saveur en contenus engageants, frais, épicés à la perfection. Comme vos brochettes au poulet, baignées dans leur marinade soja, citron, miel et herbes de Provence en plein été. Vous savez, celles qui font toujours l'unanimité ?

Bien.

Maintenant que vous avez l'eau à la bouche et que vos papilles sont en alerte, voici une liste de mots puissants que je vous conseille d'employer dans vos communications. Que cela soit dans un article de blog SEO *friendly,* une page de votre site, un post Instagram, Facebook, LinkedIn, Pinterest, une description YouTube, vos e-mails, etc.

Ces mots impactent, viennent toucher le cœur de vos lecteurs profondément et parfois inconsciemment. Ils sont incroyablement puissants. Testez, vous verrez...

Vocabulaire puissant en vrac

Terriblement, incroyablement, vraiment, minuscule, gigantesque, énorme, inoubliable, mémorable, fantastique, absolument, perfection, ridicule, drastique, irrésistible, magnifique, exceptionnel, minus...

Peur
Combat, guerre, armée, terrible, tornade, prison, cauchemar, revanche, méfiance, prudence, dangereux, alarmant, échec, tragique, risque, alerte, frisson, terreur, effroi, glaçant, crise, danger, chaos, tension, détresse, attention, poison, drame, horreur, affreux…

Exemple : **Alerte** ! Vous ne supportez plus le **cauchemar** d'une literie de piètre qualité ? **Le danger** d'un matelas **alarmant** pour votre dos, avec lequel vous **risquez** le lumbago à tout moment ? **L'horreur**…

Envie
Exceptionnel, extraordinaire, merveilleux, vibrant, craquant, désir, brillant, succulent, affolant, fantastique, magique, saveur, unique, alléchant, meilleur, ardent, attiser, attirer, propulser, booster, saliver, superbe…

Sécurité
Confiance, solide, sécurité, paix, 100 %, certifié, authentique, puissant, protection, vérifié, confirmé, approuvé, toujours, soutenu, révolutionnaire, unique, breveté, digne de confiance, spécialiste, expert…

Exemple : Vous rêvez d'un accompagnement de **confiance** pour la création de votre entreprise ? Un service sur mesure **unique**, proposé par des **spécialistes certifiés** ? Profitez de **l'expertise et de l'expérience** de nos coachs pour créer votre business en toute **sécurité**, sans stress.

Une dernière astuce en or ? Vous l'avez compris désormais, la spécificité d'un mot puissant, c'est sa capacité à créer une émotion. Les mots puissants sont magiques, ils donnent instantanément un « truc en plus » à vos textes.

Ils rendent addicts, vraiment. Vos contenus deviennent aussi attractifs qu'un fondant au chocolat encore tiède… Miam !

Bref.

Je vous conseille vivement de prendre l'habitude de relire vos textes. L'objectif ? Remplacer les mots fades pour utiliser des mots puissants en synonymes de ce que vous avez rédigé initialement.

Par exemple ?

- Remplacez autant que possible les verbes « faibles » comme « faire », « avoir », « être » par « actionner », « saisir », « piloter », « vibrer », « transformer », « incarner ».
- « Beau » se transforme en « sublime », « magnifique » ou « resplendissant ».
- « Faire la cuisine » se transforme en « concocter une délicieuse recette ».
- « Moche » se transforme en « atroce », « affreux », « horrible ».
- Une « maison » devient un « palace », un « manoir », ou une « bicoque », un « nid douillet ».

Les émotions vous dis-je, les émotions. Créez des émotions qui amèneront les actions à coup sûr. Voilà comment transformer radicalement vos posts sur les réseaux, ou vos articles de blog. Vous m'en direz des nouvelles.

UN TITRE IRRÉSISTIBLE

Vous le savez bien, sur le web, nous sommes pressés. Vite ! Vite ! Plus vite !

La course est folle, le rythme effréné. Lorsque, enfin, vos actions SEO portent leurs fruits, et que vous commencez à squatter les premières places sur Google, il y a un levier qui vous fait vraiment sortir du lot. Qui donne irrépressiblement envie de cliquer pour lire la suite de votre contenu.

Ce truc si spécial, qu'est-ce ?

Tout simplement un **titre irrésistible**. Un titre alléchant qui sous-entend, qui laisse penser que le meilleur se trouve dans la suite.

Le saviez-vous ?

Un titre sexy, c'est un peu comme la première impression : quand elle est ratée, la découverte perd de sa saveur. Un titre pauvre fait tout capoter. Boum ! Zéro clic, zéro vente, zéro abonnement. C'est terrible, non, de devoir sortir les rames pour convaincre, alors qu'un titre bien trouvé fait toute la différence ? Voilà pourquoi les maisons d'édition, les écrivains ou scénaristes sont si pointilleux à ce sujet.

Certains films et livres ont sombré dans les abîmes de l'invisibilité à cause d'un titre épouvantable. Ou bien n'ont pas eu le succès escompté, malgré leur qualité, à cause d'un titre décevant.

Donc oui, **un titre peut faire toute la différence**, et oui, vous devez vous pencher sérieusement sur le sujet pour propulser votre business sur Internet.

Pour vos articles de blog, un titre attractif est un levier puissant et facteur de succès. Idem pour vos épingles sur Pinterest. D'ailleurs, ai-je mentionné qu'utiliser Pinterest couplé à votre blog est une fabuleuse idée ? Voici une manière facile et efficace de combiner articles SEO *friendly* à une autre source de visibilité au vent en poupe ?

Mais revenons à notre sujet : le titre.

Qu'est-ce qu'un bon titre, finalement ? Vous l'avez compris, c'est bien sûr un titre qui donne envie de lire la suite, de cliquer, de s'inscrire… Bref, de passer à l'action. C'est un titre qui attise, qui titille la curiosité ou bien encore qui suscite une… émotion ! Oui, vous avez raison.

Plusieurs angles sont possibles, mais les titres qui fonctionnent le mieux sur le web sont assurément ceux-ci :
- Comment…
- X astuces pour…
- Top X de…
- Le guide ultime pour…

Ça, c'est la base d'un bon titre. Mais si vous utilisez un « comment » seul, cela ne fera pas la différence. C'est fade, un peu passe-partout, bref : vous devez retravailler cela.

Imaginez.

Vous êtes coach en développement personnel, spécialiste de la vie de couple. Vous avez identifié lors de votre recherche de mots-clés qu'il est intéressant pour vous de vous positionner sur « entretenir une relation de couple ».

Voici quelques exemples de titre en « comment » qui font la différence (tout dépend ensuite de la structure de votre article, il va de soi) :

- comment entretenir une relation de couple et raviver la flamme ;
- comment entretenir une relation de couple même à 60 ans ;
- comment entretenir une relation de couple à distance sans s'épuiser ;
- comment entretenir une relation de couple en 7 étapes faciles ;
- comment entretenir une relation de couple quand on manque de temps ;
- comment entretenir une relation de couple ? 5 ingrédients puissants.

Alors, lequel préférez-vous ? Et pourquoi ?

Vous vous rendez compte ici de l'importance des mots ? Que certains sont extrêmement puissants, et qu'un titre influe sur le succès de vos contenus ?

Vous ne pouvez pas vous permettre ensuite de perdre l'enthousiasme du lecteur avec un contenu pauvre, n'est-ce pas ?

Bon. Reprenons l'exemple de « entretenir une relation de couple ». Et si nous partions sur un autre titre un peu plus *punchy* ? Un titre à faire saliver n'importe quelle personne qui veut absolument prendre soin de son couple. Vous pourriez envisager :

- X trucs d'experts pour améliorer et entretenir votre relation de couple ;
- X must-have pour entretenir une relation de couple facilement ;
- les X meilleures façons d'entretenir une relation de couple/de faire partie des couples mythiques.

Pour vos contenus (posts) sur Pinterest, Instagram ou Facebook, l'urgence est de **capter l'attention de l'internaute** qui scrolle littéralement le pouce sur son écran mobile. Boum, ça défile !

Vous devez miser sur trois points pour sortir du lot et décrocher un *like*, ou un commentaire. Ces points cruciaux ?

- une harmonie visuelle (avec ou sans image) ;
- un titre impactant ;
- un sujet qui intéresse votre audience.

Avec ces trois leviers en tête, vous pouvez construire vos contenus avec des titres sexy, gagnants. Vous voulez un exemple ? Et voici...

En somme, un excellent titre est une accroche qui :

- suscite une émotion ;
- utilise le mot-clé principal de votre texte ;
- met en valeur un ou plusieurs bénéfices ;
- surprend, attise la curiosité, titille d'une manière ou d'une autre ;
- offre une certitude : rapide, efficace, puissant, certain, simple ;
- n'est pas trop long ;
- emploie un ou des mots puissants, magiques ;
- est concise, efficace.

Ce qui reste efficace dans un titre d'article ou de post, c'est d'employer un chiffre (4 astuces, 7 leviers, 98 %...). Ou d'évoquer des *tips* secrets, les astuces de pro... Tout le monde veut connaître les secrets, et les internautes raffolent des listes.

Et maintenant ?

Faites ce test amusant chez vous... Observez vos contenus (articles ou posts) : donnent-ils envie de cliquer ? De partager ? D'en savoir plus ?

Essayez de reprendre ces fameux titres et d'utiliser vos mots puissants à la place. Puisque vous êtes curieuse et que vous venez de vous procurer cet ouvrage (quelle excellente idée !), retrouvez ici une liste de 70 titres puissants pour vos contenus. Cadeau ! https://maite-consulting.com/cadeaux/

Enfin, voici une information pratique et stratégique.

Très souvent, mes clientes me demandent dans quel ordre il faut créer ses contenus. Le titre au préalable, ou bien commencer par rédiger le cœur du contenu ?

À mes yeux, le plus important est bel et bien de **définir son mot-clé SEO** afin de tenir sa ligne directrice. Ensuite, peu importe ! Vous êtes libre de choisir ce qui vous correspond le plus.

Savez-vous ou non ce que contiendra le corps de votre article ? Quel but avez-vous en le créant (rappelez-vous la partie 1, à quel niveau de connaissance de votre sujet se situe votre lecteur) ?

Personnellement, lorsque je crée un calendrier éditorial pour mes clientes ou pour moi-même, j'écris toujours un titre provisoire. Puis je me laisse guider par la rédaction et l'angle défini au préalable. Enfin, j'ajuste le titre.

Parfois, il n'a plus rien à voir avec le titre initial car le contenu m'apporte une vision plus précise ou parce qu'un bénéfice fort se dégage de l'article, et que je juge qu'il est pertinent de l'utiliser en titre.

En définitive : **écoutez votre bon sens**, ce qui vous plaît le plus. C'est vous qui connaissez le mieux votre cible, vous savez ce qui va lui plaire ou non. Alors pour le choix d'un titre comme pour vos décisions business : **ayez confiance en vous**. Vous êtes capable, vous saurez ce qui est le plus adapté.

LE CRIP : LA TECHNIQUE RÉDACTIONNELLE QUI FAIT LA DIFFÉRENCE

Le saviez-vous ? Un autre secret fait toute la différence pour améliorer un contenu, le rendre vivant et vibrant, pour certains même, inoubliables !

Cette fameuse technique rédactionnelle qui fait la différence, je l'appelle **la technique du CRIP**. La quoi ?

Le CRIP ! Il s'agit d'un acronyme à garder en tête pour sublimer vos contenus. C'est la touche en plus que tout le monde vous envie.

CRIP comme :
- Court
- Rythmé
- Illustration
- Présent

Je vous explique tout ça ?

C de court

Pour faciliter la lecture aux internautes (qui, je vous le rappelle, sont sursollicités lorsqu'ils naviguent *via* leur mobile, par exemple), raccourcissez vos phrases. C'est plus fluide, plus agréable, moins exigeant pour le cerveau.

Je viens de le mettre en pratique ici. Voyez un peu...

J'aurais pu écrire cette phrase : « Pour faciliter la lecture aux internautes, raccourcissez vos phrases car elles sont ainsi plus fluides, la lecture est plus agréable et cela est moins exigeant pour le cerveau. »

Vous comprenez parfaitement cette phrase en la lisant, pas de soucis. En revanche, c'est plus fatigant pour votre œil et moins confortable.

Par contre, si vous aérez vos contenus, les internautes vous diront merci ! Pour cela, optez pour des phrases courtes (moins de 20 mots, dans l'idéal). Ce n'est pas tout...

Utilisez régulièrement des *bullet points*, ils sont :
- synthétiques ;
- efficaces ;
- agréables.

Ils permettent de mettre en avant certaines idées, mais aussi de rythmer votre texte. Dans la même idée, évitez que vos phrases fassent plus de quatre ou cinq lignes (sur vos articles notamment). L'effet « pavé » rebute, particulièrement sur le web.

Pensez aux réseaux sociaux, lorsque vous scrollez sur Instagram et qu'une publication attire votre œil, vous vous arrêtez. Puis vous lisez la description. Si votre œil scanne rapidement le texte (cela se fait en automatique, de manière inconsciente) et se trouve face à un pavé... Vous aurez tendance à être découragée !

En conclusion ? On aère ! Vive les phrases courtes, efficaces, synthétiques. Avec l'usage de mots puissants, vos contenus vont impacter, irrémédiablement !

R de rythme

Je dois l'admettre, je voue une passion sans limite à ce fameux rythme. D'ailleurs, mes abonnées, clientes et lectrices me disent fréquemment qu'elles reconnaissent ma patte d'écriture.

J'adore les textes rythmés. Qui vivent, qui tiennent en haleine.

Comment réaliser cette prouesse sur le web ? Avec deux leviers puissants : **les questions et le mot seul**.

Prête pour l'explication ?

La question, comme juste au-dessus avec « prête pour l'explication ? » a pour vocation d'**obtenir un « oui » dans la tête de l'internaute**. Une forme d'acquiescement, qui favorise l'adhésion du lecteur à vos propos.

Le tout est bien sûr stratégiquement réalisé, positionné à des endroits cruciaux de vos textes. Par exemple, lorsque vous venez de terminer un paragraphe, pour embrayer sur le suivant. Ou bien pour appuyer un propos, avec lequel vous voulez vous assurer que votre internaute a intégré l'importance du sujet.

Mon conseil pour ces fameuses questions : allez chercher un « oui » en réponse mentale. Questionnez en mode

« court » (six mots environ maximum)... Ce qui nous amène à l'astuce suivante pour le rythme avec le mot seul.

Venez **rythmer vos textes avec un mot « seul »**, unique. Soit en les plaçant à la chaîne comme :

« C'est impressionnant. Fantastique. Extraordinaire. Magique. »

Soit en sorte de virgule entre deux paragraphes.

Par exemple : « Vous voulez comprendre comment utiliser correctement votre téléphone pour enregistrer une vidéo en mode accéléré ? L'équipe de Monsupertel vous dévoile la technique imparable pour vos futures vidéos.

Prêt ?

Parfait. Pour prendre une vidéo en accéléré, rendez-vous sur... Blablabla. »

Sous forme de questions, je vous suggère d'alterner et d'utiliser ces mots : Prêt ? On y va ? Pourquoi ? Comment ? Vraiment ?

Mais aussi ces mots : Attention ! Alerte ! C'est parti !

Ou encore les fameux mots puissants évoqués précédemment. En les isolant, vous leur donnez du poids supplémentaire. De l'impact. Boum !

C'est compris pour vous ? Parfait, continuons.

I comme illustration

Voilà, je viens de le mettre en place à l'instant. I comme illustration, c'est-à-dire que c'est une excellente idée pour aider vos lecteurs à comprendre ou ressentir une émotion. Pour cela, vous pouvez user et abuser de comparaison, métaphore, illustration !

C'est particulièrement utile pour alléger un propos un peu dense, ou pour créer une expérience de lecture quasi inoubliable.

Comme un souvenir agréable de vacances que vous voulez garder en tête à jamais. (Vous remarquez que je viens de le mettre en pratique ?)

Pour illustrer, vous pouvez également indiquer clairement au lecteur d'imaginer une situation. En indiquant « par exemple » ou « imaginez ». Puis, posez le décor fictif... Faites-lui vivre une situation, un moment, mettez-le en situation.

Imaginez un peu. Vous êtes kiné fraîchement diplômée et un patient de 20 ans seulement se présente pour un mal de dos atroce. Terrible. Qui le plie en deux. Tout de suite, vous imaginez la cause probable et le diagnostic à apposer : lumbago. Aïe, il souffre ce pauvre patient. Vous devez l'aider... Et pour cela, vous testez la technique « plusmalaudos » dont vous avez entendu grand bien.

Votre cœur bat la chamade, un frisson parcourt votre dos (brrrr), vous respirez un bon coup et ça y est, vous vous lancez ! Bravo, vous venez de mettre en application pour la première fois dans le concret votre métier de kiné.

Blablabla…

Vous voyez chère lectrice, ici je vous ai emportée *via* l'imaginaire. C'est très agréable pour un internaute, particulièrement lorsque vous connaissez bien votre cible. De fait, vous l'embarquez dans une situation qu'il a déjà vécue (inconfortable ou heureuse) et il reconnaît ainsi les émotions que vous décrivez.

Il se connecte. Voilà le secret…

Illustrez et variez les plaisirs en cherchant à titiller les cinq sens :

- La vue : « Waouh, une beauté éblouissante ! »
- Le toucher : « Aussi rugueux qu'un genou d'enfant qui ripe sur le goudron. »
- L'odorat : « Hum, cette odeur de monoï qui vous rappelle les chaudes journées d'été. »
- Le goût : « Comme un barbecue, avec vos brochettes et leur marinade soja-curry délicieusement épicée… Vous en avez l'eau à la bouche ! »
- L'ouïe : « Une voix si délicate qu'elle enchante vos oreilles, telle la petite sirène. »

Amusez-vous ! C'est ainsi que les internautes se connectent avec vous et se sentent compris… et à terme, vous font confiance et deviennent clients. Vous démontrez aussi votre expertise grâce à vos écrits, assurément.

P de présent

Sur l'ensemble de vos contenus texte, préférez l'utilisation du présent. Moins lourd que le passé composé, le futur, etc. À 70 % sur vos contenus, utilisez le présent.

Pourquoi ?
Parce que le présent est davantage dans l'action et il permet à l'internaute de mieux s'imaginer dans la situation que vous souhaitez.

Par exemple, vous êtes coach sportive. Vous voulez que votre cliente garde la motivation et imagine le résultat de ses efforts dans deux mois avec cinq kilos en moins. Vous pourriez être tentée d'écrire ceci :

« Dans deux mois, il sera possible que vos amis disent de vous que vous avez minci. Peut-être que certains diront que votre régime a été efficace et que vous aurez dans six mois un physique de top model. »

Je vous conseille d'écrire plutôt :
« Imaginez un peu. Lors d'une sortie paddle au lac, entre amis. Vous dégainez votre plus beau maillot de bain et pour une fois, vous êtes confiante, bien dans votre peau. Vos amis remarquent votre nouvelle silhouette et vous encouragent vers votre nouveau mode de vie "santé". Cinq kilos perdus en deux mois, une silhouette plus tonique et harmonieuse, exactement comme vous la rêvez. »

L'utilisation du présent rend votre texte plus concret, moins lourd aussi. Vous ne pourrez pas l'employer à 100 % du temps, mais en relecture de vos articles ou posts, vous verrez que cela fait la différence.

Vos textes deviennent dynamiques, frais, incitatifs !

On récapitule ensemble ?
Pour un style rédactionnel incroyable, adoptez la méthode CRIP ! Des phrases courtes, du rythme, des illustrations pour créer de l'émotion et du présent.

Simple, non ?

Pause inspirante

JULIA COUDERT, KIFFER, PRENDRE SOIN DE SOI ET LÂCHER PRISE

Et maintenant, place à Julia Coudert de J&J (I don't think I feel). Julia est community manager, associée avec Julie, elles proposent des accompagnements en ligne dédiés aux free-lances. Le but ? Les accompagner dans leur développement sur le web.

Son business est exclusivement en ligne et s'est transformé avec le temps : initialement seule aux manettes de son activité, Julia a choisi de s'associer au passage en société. Le blog génère 5 000 visiteurs par mois en organique, le compte Instagram compte 25 000 abonnés, pour un CA mensuel de 30 000 euros par mois...

En bref, Julia pèse dans le monde du *freelancing* avec ses outils et ses contenus à destination des free-lances du web. Prête à découvrir ses conseils et astuces ?

Tout a commencé par un simple blog, sur lequel j'écrivais mes états d'âme de free-lance... Au fil du temps, de plus en plus de personnes sont venues lire ces articles de blog (non optimisés SEO), poussés par une plateforme qui n'existe plus aujourd'hui (Hellocoton[4]). Quand Julie (mon associée, rédactrice web SEO) a débarqué dans mon blog, elle s'est écriée « Oh là là, c'est la cata » et a ensuite repris tous les articles de blog pour les rendre SEO friendly, *consciente de l'importance du référencement naturel.*

Au départ, il y avait le site Internet, puis deux ans après, la présence sur les réseaux sociaux et particulièrement Instagram. Entre les articles optimisés SEO et le compte Insta, le pont est régulièrement fait entre les deux types de contenus : instantanés d'une part, et plus pérennes de l'autre. Tout s'est développé dès lors que j'ai pensé une stratégie de contenu plus professionnelle et aussi plus régulière.

D'ailleurs, je pense que l'un des secrets d'un contenu rédactionnel qui plaît, c'est entre autres la régularité. Aussi bien pour les algorithmes (stratégie) que pour les internautes, avec qui tu crées un vrai rendez-vous, des habitudes. Plus tu crées du contenu, plus tu as l'opportunité de te montrer aux robots et donc d'être positionnée sur les résultats de recherche. Ce n'est pas tout, la régularité c'est aussi un merveilleux entraînement pour toi.

Pourquoi ? Tout simplement parce que plus tu crées, plus tu sais écrire. Plus c'est agréable pour toi, plus tu es efficace, plus tu prends du plaisir aussi. C'est un vrai cercle vertueux !

Pour ce qui est des facteurs importants pour un site Internet (au-delà du SEO), je mise beaucoup sur l'expérience utilisateur, l'ambiance générale.

---

4. Hellocoton est une sorte de média qui valorisait les articles de blog au féminin, qui a fermé ses portes fin 2019.

Autrement dit, la fluidité de navigation sur un site (ne pas tomber sur des pages non trouvées, etc.), l'ergonomie, l'esthétique aussi. Pour l'esthétique, que la police d'écriture ne soit pas trop petite, que ce soit intuitif, etc. L'idéal est que l'internaute ait envie de découvrir, parcourir, se balader, naviguer de page en page, que ce soit très agréable. C'est aussi favorable pour le taux de rebond (si l'internaute navigue sur une autre page du site) d'ailleurs.

Tu m'as demandé, Maïté, comment j'ai fait pour y croire, au début de mon aventure entrepreneuriale. Au commencement, j'étais seule à être autoentrepreneure dans mon entourage, et très peu de personnes parlaient de freelancing *(mon domaine donc). J'ai dû parcourir les contenus, essentiellement anglophones, pour trouver les réponses à mes questions. J'avais identifié un manque, un vide sur le web francophone. Quand je me suis lancée dans la création du contenu, je savais qu'il y avait un besoin, et que même si ce n'était pas tout de suite, ça finirait par aider des gens, à terme. Je savais qu'ils finiraient par chercher les réponses eux aussi sur Google… Je l'ai donc fait.*

Je travaille aussi mon mindset*, l'entrepreneuriat le permet, un peu malgré soi-même ! Ce que je peux conseiller pour muscler ton* mindset *c'est… d'aller vers ce qui te fait peur. C'est ce que je fais tout le temps, et je t'assure que sortir un orteil en dehors de ta zone de confort, c'est un défi et tu te rends compte que tu es capable de le faire. Et quand tu cumules ça, de façon régulière, finalement tu te dis « OK, je suis surpuissante »… Ça fait du bien de se dire ça, ça booste !*

Par exemple, il y a deux ans, avec Julie, nous avons pu déléguer. Ça nous faisait peur au début, ça nous semblait une montagne, comme un truc impossible. Et aujourd'hui, avec du recul, on se dit que c'était à faire.

Enfin, mes trois ingrédients pour réussir ton business féminin sont ici : tout d'abord, du kif. Prendre du plaisir, faire des actions qui te mettent en joie... Ensuite, une bonne hygiène de vie (avec un temps de sommeil suffisant, par exemple). Pour finir, arriver à s'écouter et lâcher prise : lâche-toi la grappe, il y a des jours avec et des jours sans !

Pour retrouver l'intégralité de l'interview au format podcast, rendez-vous ici : https://podcast.ausha.co/pauses-inspirantes/julia

Exercice pratique

UTILISER LES MOTS PUISSANTS

1. Remplacez les mots « fades » et « creux » par des mots puissants.

> Remplacez autant que possible les verbes « faibles » comme « faire », « avoir », « être » par « actionner », « saisir », « piloter », « vibrer », « transformer », « incarner ».
> « Beau » se transforme en « sublime », « magnifique » ou « resplendissant ».
> « Faire la cuisine » se transforme en « concocter une délicieuse recette ».
> « Moche » se transforme en « atroce », « affreux », « horrible ».
> Une « maison » devient un « palace », un « manoir », ou une « bicoque », un « nid douillet ».

Exercez-vous à rédiger un article ou un post sur les réseaux sociaux avec ces nouveaux principes rédactionnels... Vous verrez, le résultat est bluffant !

2. Rafraîchissez vos titres d'articles ou posts avant de les publier.

À partir des exercices précédents (mots-clés, etc.), créez des titres efficaces. Pour rappel, les titres valeur sûre sont :

> Comment…
> X astuces pour…
> Top X de…
> Le guide ultime pour…

3. Gardez en tête la technique CRIP pour l'ensemble de vos contenus.

— 3 —

LE POSITIONNEMENT UNIQUE

AFFIRMER SON UNICITÉ, SA DIFFÉRENCE

En tant qu'entrepreneure ambitieuse, vous êtes unique, oui. Vous ne le voyez peut-être pas encore, mais c'est une certitude.

Savez-vous ce qui fait toute la différence entre deux sites optimisés SEO ?

Votre positionnement. Mais pas le positionnement comme vous avez l'habitude de l'entendre, celui où l'on vous parle d'avatar et de choix de votre cible.

Non, votre **positionnement personnel**, en tant qu'individu. Vous mettez de vous dans votre entreprise, peut-être même que votre entreprise repose sur votre identité en *personal branding*.

Vous connaître, identifier et accepter ce qui a du sens pour vous ainsi que vos valeurs... fait partie intégrante de votre business. Peut-être vous dites-vous que non, que vous avez créé une marque et qu'elle est distincte de votre identité ou bien que « ce n'est qu'une entreprise », décorrélée de vous.

C'est faux.

L'essence de votre entreprise, c'est vous. Que vous ayez créé une marque ou que tout repose sur votre *personal branding*, vous êtes au cœur de votre business. Voilà pourquoi vous devez l'accepter, le voir, l'identifier et l'affirmer.

Vos contenus sur le web doivent aussi correspondre à qui vous êtes. À la manière dont vous vous exprimez, vos idées, vos valeurs… C'est aussi important que de créer du contenu qui attire et est utile aux internautes, à votre cible.

Votre positionnement, c'est ça aussi.

Aujourd'hui, quoi qu'on en dise, un produit reste un produit. Un téléphone reste un téléphone, une robe reste une robe. Certes, la matière, les matériaux, les caractéristiques techniques peuvent évoluer.

Mais pourquoi un client devient et reste client, selon vous ?

Parce qu'il se connecte avec l'histoire de la marque ou de sa fondatrice. Parce que se procurer tel produit ou service comble un besoin, oui. Mais pas seulement.

Votre unicité, c'est votre force, votre plus grand atout. Peut-être que vous n'en avez pas conscience, et je le comprends.

Cependant, je peux vous l'affirmer pour le vivre (et pour avoir interviewé des dizaines de femmes entrepreneures à succès), qu'un des plus grands secrets du succès *via* le web repose sur votre identité.

Qui êtes-vous ? Qui est cette femme incroyable qui lit ces lignes ? Qu'est-ce qui compte pour vous ? Pourquoi faites-vous ce que vous faites ? Pourquoi votre entreprise existe-t-elle ? Quel est son but ? Quelles sont vos ambitions ?

Ces questions sont cruciales, et puissantes.

Voulez-vous que je vous révèle ce que j'ai découvert de plus puissant lors d'un de mes coachings avec Margaux Klein (business coach à succès) ?

Que je n'ai pas à cacher qui je suis. Qu'à partir du moment où j'accepte toutes les parties de moi, je suis capable de tout. Si je veux le succès, je l'ai. Si je veux contribuer avec un fort impact, je peux le faire.

Ce n'est pas si simple, de s'accepter pleinement. Cela demande du courage et de l'honnêteté envers soi-même. Se regarder en face peut être douloureux, identifier ses vraies envies peut l'être aussi.

Mais lorsque vous vous connaissez, et même si évoluez bien sûr, vous comprenez que vous êtes unique. Il n'y a pas deux êtres comme vous sur Terre, non. De ce fait, votre entreprise aussi est unique.

Arrêtez de vouloir être lisse... de vous fondre dans la masse. Vous êtes différente, votre business l'est aussi. Préférez être vous. Osez propulser votre entreprise. Le web est un fabuleux terrain de jeu pour booster votre visibilité, et gagner sur tous les plans, appuyez-vous sur cela.

Pourquoi ? Pour plusieurs raisons :

- une identité de marque claire plaît et séduit ;
- votre business est ainsi aligné, tout est cohérent ;
- votre communication est fluide, et impactante.

N'oubliez pas non plus que vous ne serez pas la première arrivée sur votre secteur d'activité : 99 % du temps, c'est le cas. À moins d'être novatrice, vous évoluez dans un domaine qui n'est pas vierge, il existe de la concurrence.

Alors comment sortir du lot, au juste ? Vous l'avez bien compris, le SEO est un atout indispensable pour être visible de manière organique. Puis, viennent les réseaux sociaux. Que ce soit par un biais ou par l'autre, l'atterrissage sera toujours votre site Internet.

Pour soutenir vos propos, vous créez des pages avec des écrits ou des vidéos. Si vos contenus ne diffèrent pas de l'existant, vous resterez dans le ventre mou. Comme lors du Tour de France : une poignée de leaders filent en échappée en tête de course et plus de 200 cyclistes font partie du ventre mou. C'est dans la moyenne donc… Rien de différenciant.

Vous ne voulez surtout pas cela, n'est-ce pas ?

Non, vous, vous voulez créer de l'engouement et de l'envie envers votre marque. Cet engouement passe par votre message, ce que vous véhiculez et ce qui vous différencie. **L'unicité est un levier influent pour transformer un internaute en client.**

Mettez-vous quelques secondes dans la peau d'un internaute. Vous cherchez un plombier-chauffagiste pour une panne de chauffe-eau. Que faites-vous ? Rendez-vous sur Google. Vous avez maintenant le choix entre trois plombiers sur votre secteur.

Vous ne les connaissez pas, comment faites-vous votre choix ? Grâce à leur site web (merci le SEO s'ils apparaissent dans les trois premiers résultats), oui. Et grâce aux écrits et contenus que vous trouverez sur le site.

Sur le site 1 « SOS Plombier Bonjour », tout est minimaliste : la liste des services, un numéro de téléphone, point. Vous ne savez pas qui se cache derrière l'entreprise, leur spécialité, leur zone d'intervention.

Sur le site 2 « Super Plombier Bonsoir », vous retrouvez davantage de contenus. Mieux encore, une page « à propos » indique la spécialité de l'entreprise, le nombre de salariés, la zone d'intervention. Vous comprenez vite qu'il s'agit d'une entreprise familiale qui a à cœur de travailler sur un excellent rapport qualité/prix, les avis le prouvent.

Voilà, vous avez saisi : le site 2 – même pour un site d'artisan – dévoile un positionnement plus clair, plus affirmé. C'est ainsi que vous attirerez les bons clients. Voilà pourquoi travailler vos contenus texte, en utilisant un vocabulaire qui vous est propre entre autres, est important.

Votre différence est votre force, laissez-la s'exprimer dans vos textes (site et réseaux sociaux), vous verrez.

LE POUVOIR DES ÉMOTIONS

Aaah, les émotions ! Nous l'avons brièvement exposé, vous vous en souvenez ?

C'est un pouvoir inestimable pour tous les secteurs d'activité. Ne négligez jamais cet aspect, peu importe votre domaine.

Lorsque vous gardez en tête que vous devez intéresser l'internaute, lui proposer du contenu de valeur et titiller ses émotions, vous avez tout gagné. Posez-vous deux minutes la question : qu'est-ce qui vous fait acheter, vous, en tant que consommatrice ?

C'est simple, soit c'est par nécessité et pragmatisme : votre budget est de 50 euros pour une machine à café, point. Soit par envie et illusion que ce produit va provoquer un sentiment, une émotion agréable.

Exemple : vous souhaitez absolument cette machine à café (*What else ?*) bien connue car vous avez l'impression de faire partie d'un clan sélect quand vous buvez votre café capsule.

Cela vous procure des émotions : joie, fierté, satisfaction, plaisir.

Gardez en tête ceci : les émotions font vendre, c'est un fait. Mais elles servent aussi à créer du **lien de confiance** avec l'internaute, à l'emmener dans votre univers.

Quand vous rédigez une page, un article, un post Instagram ou Facebook, vos mots ont un impact. Les internautes retiennent ce qui leur permet de résoudre leur problématique, c'est vrai. Mais ils restent en lien avec l'humain.

La nature humaine est ainsi faite, nous sommes dotés d'émotions. Elles pilotent nos choix, nos relations, nos décisions, dans tous les domaines. Lorsqu'on réserve dans un restaurant, on le fait pour bien manger, certes. Mais on le fait aussi pour le plaisir de vivre des émotions, des moments de partage avec nos amis.

On cherche les émotions, particulièrement celles de plaisir, satisfaction, excitation. C'est ce qui nous donne l'impression d'être vivants. En tant qu'entrepreneure sur le web, votre rôle est définitivement de **procurer des émotions à votre cible**. Toutes les publicités visent à créer une émotion d'ailleurs.

La pub pour du jambon d'une marque bien connue montre un petit garçon de 6 ans jouant avec des morceaux de bois dans le lit d'une rivière, avec un slogan « le goût des choses simples ». Ici, ce n'est pas la tranche de jambon qui importe, non. C'est le sourire de l'enfant qui, lorsqu'il rentre chez lui, découvre la tranche de jambon que sa maman a découpée dans l'assiette pour lui. Bing ! L'émotion est là.

Suscitez de l'émotion et vous comblerez les internautes et abonnés.

L'AUTORITÉ NATURELLE ET L'EXPERTISE

Aaaah, l'autorité ! Qu'est-ce que cela évoque pour vous ? L'image d'une figure paternelle directive, ferme, catégorique, sèche ?

Certainement. Mais savez-vous que l'autorité naturelle est finalement tout autre chose ?

Il s'agit ici de l'impact, de la figure d'autorité naturelle. Autrement dit, « ce qui en impose » naturellement. Vous savez, comme lorsque vous êtes dans une pièce, et qu'une personne pénètre dans ce lieu. D'un coup, boum... Elle prend la lumière, attire le regard ou impose le respect. Comme une aura, une énergie, quelque chose d'impalpable.

L'autorité naturelle sur le web, c'est ça. Et votre site web optimisé SEO vient renforcer votre autorité naturelle. Votre site et vos produits ou services sont crédibles, donc rassurants, attractifs, fiables et séduisants.

Cette autorité naturelle se construit de différentes manières, et le SEO contribue largement à cela. Tout comme la publication de contenus de qualité sur des sujets qui intéressent vraiment votre cible.

Vous comprenez ?

Par la qualité de vos contenus, vos types de publications, vos interventions... vous permettez à votre marque ou entreprise de bâtir son autorité naturelle.

Mais à quoi sert-elle, finalement, sur le web ?
C'est simple, l'autorité naturelle, c'est votre baguette magique pour convertir les visiteurs en clients. Imaginez un peu. Vous venez de cliquer sur le lien d'un site pour réserver une colonie de vacances pour votre enfant cet été.

Vous rêvez de trouver pour votre fille de 8 ans un séjour avec initiation surf, équitation, et planche à voile. Pour vous rassurer, et pour sa propre sécurité, vous rêvez de tomber sur une équipe d'animation fiable, rodée, pleine de bonne humeur et d'empathie. Quand vous arrivez sur le site, celui-ci clignote de partout : une bannière de publicité en haut à droite, un pop-up infernal qui s'ouvre en plein milieu et un site en http (et non https). À votre avis, qu'allez-vous ressentir et penser ?

Sauve qui peut ! Alerte !
Ce site n'envoie clairement pas un signal d'autorité naturelle. Du tout. Un site à autorité naturelle serait évidemment en https, avec un code couleurs apaisant, sécurisant, de jolies images du dernier séjour effectué. Sans oublier les témoignages des enfants et une vidéo du personnel d'animation. Le must ? Une section blog avec plein d'astuces pour occuper votre enfant en plein hiver, ou pour consolider votre relation mère-fille.

Là, vous sentez l'autorité naturelle. Le site en impose de lui-même. C'est ce que vous devez viser, en tant qu'entrepreneure à succès. Un site à votre image, qui rassure et qui travaille pour vous !

Sans oublier le fait que votre expertise se devine de tous les côtés, sur tous vos contenus. Votre expertise, c'est la partie rassurante qui vient conforter une décision d'achat.

Attention !
Une expertise n'est pas un diplôme. Si vous avez tendance à jouer petit parce que vous ne possédez pas le master en commerce international, ou le diplôme de coaching qui va bien, vous faites erreur.

Votre expertise transpire. Elle se voit non pas avec un diplôme accroché sur un mur, mais à travers vos propos. Lorsqu'une experte dans son domaine ouvre la bouche, bien souvent elle vous captive. Il y a plusieurs raisons à cela :

- elle sait précisément de quoi elle parle (et cela se sent) ;
- elle est capable d'aller dans le détail de certaines thématiques ;
- elle dégage cette confiance, car elle se sait experte.

L'expert est donc celui qui maîtrise son sujet et inspire confiance. Sur Internet, certains internautes sont très suspicieux et sceptiques quant à la fiabilité des entreprises. Arnaque, vol, escroquerie : voici ce qui pèse sur les épaules des sites. Il est donc impératif de fournir à votre site un gage de qualité, d'expertise et d'autorité naturelle.

N'oubliez pas, vous pouvez faire la différence avec votre business féminin sur le web. Vous pouvez casser la baraque, prendre votre place et cartonner. Le SEO et la création de contenu efficace vous y aident. Tout comme l'usage futé des réseaux sociaux.

Aujourd'hui, à l'ère du digital, utilisez ces leviers pour montrer – sans besoin de convaincre – votre expertise et votre autorité naturelle. Autorisez-vous à prendre votre place, à diffuser votre message, expanser votre business. L'expertise et l'autorité naturelle se ressentent, se diffusent... Alors prenez confiance et agissez efficacement !

Vous savez comment procéder désormais, pas vrai ? Mais arrivez-vous à imaginer et visualiser le champ des possibles présent devant vous, juste là, sous vos yeux et à vos pieds ?

Le SEO, les techniques rédactionnelles, sont des leviers puissants pour vous aider à gagner en visibilité. Ainsi, vous propulsez votre business féminin. Je l'ai fait, mes clientes l'ont fait, vous pouvez le faire.

Mais... il manque quelque chose à l'équation pour tenir dans la durée. Avez-vous deviné de quoi s'agit-il ? Je vous dévoile cela dans la partie 3 de cet ouvrage. Allons-y...

Pause inspirante

CHARLOTTE DUCHARME, S'ÉCOUTER, S'ENTOURER ET TRANCHER

Voici Charlotte Ducharme. Charlotte est la fondatrice de Cool Parents Make Happy Kids : un site Internet, une méthode de coaching parental, une application et un livre best-seller du même nom... Le tout, en quatre ans seulement, en étant maman de trois enfants.

Passionnée par l'univers de la parentalité, Charlotte a eu toute une réflexion autour de son projet entrepreneurial et la manière de l'aborder *via* le web. CPMHK voit le jour sous forme de blog en 2015, avant de devenir une entreprise à part entière en 2017.

Aujourd'hui, Charlotte reçoit chaque jour sur son site plus de 8 000 visiteurs (soit 240 000 par mois). La communauté sur les réseaux sociaux est également très active avec 124 000 abonnés sur Facebook et 27 000 sur Instagram, et le CA est sur une fourchette entre 400 000 et 700 000 euros. Zoom sur Charlotte Ducharme, ***let's go*** !

À la base, j'avais d'autres projets entrepreneuriaux (également autour de la parentalité, domaine qui m'a toujours passionnée), lorsque j'ai lancé le blog Cool Parents Make Happy Kids. Je l'ai créé dans le but de partager, donner mon point de vue, mes regards, de manière non jugeante. Le sujet de la parentalité est souvent « touchy » et je voulais apporter un contenu avec une pointe d'humour, des vrais conseils décomplexants, bienveillants.

Très vite, en moins de six mois après la publication des premiers articles de blog, j'avais beaucoup de likes *et de partages sur certains articles (de l'ordre de 300* likes *par article). Une communauté s'est rapidement créée* via *Facebook pour partager et échanger sur le sujet, et donc autour des articles. J'ai utilisé ces deux leviers (avec les publications sponsorisées), au départ, pour que mes contenus soient lus et utilisés, partagés. Plus tard, le blog est devenu mon entreprise à part entière et s'est transformé en site avec une section blog.*

Est venue à ce même moment l'idée de monétiser cela, en proposant des coachings aux parents (qui en avaient besoin, avec le même ton que les articles : efficaces, mais décomplexants et non jugeants).

Le ton des articles, qui ne donnent pas de leçon, qui restent ouverts avec une touche d'humour... Ainsi que leur justesse, leur qualité sont essentiels au succès d'un site, à mes yeux. Personnellement, j'ai aussi eu l'appui d'articles de presse (une centaine) au moment de la sortie du livre. C'est venu renforcer l'impact du site, et j'ai bénéficié ainsi de backlinks *de cette presse (d'un point de vue organique, des* backlinks *de qualité[5]). Créer du contenu, au départ,*

5. Note de Maïté : un *backlink* de qualité provient d'un site à « forte autorité » comme le site du gouvernement ou de journaux, presse de référence, etc.

demande énormément de temps, de mise en pratique. Enrichir son site Internet de contenu qui parle vraiment aux internautes est important.

Pour choisir les bons sujets rédactionnels, je me suis basée sur ce que j'ai en moi. Ce qui est dans mes entrailles... C'est-à-dire aider les parents sur l'éducation, et indirectement, les enfants aussi. J'ai créé le contenu qui me semblait essentiel à partager. Je connais mon sujet sur le bout des doigts et je sais quelles sont les problématiques de ma cible, les parents.

Concernant la vie d'entrepreneure, je crois que la réussite réside aussi dans la notion de peurs/prise de risques, et dans ce que tu planifies. Personnellement, j'ai eu envie de me donner les moyens de réussir, j'ai accepté les défis. Au début, j'ai fait beaucoup de choses par moi-même, et c'est assez logique car quand tu débutes, tu n'as pas forcément les moyens financiers pour investir en masse et en déléguant.

Quand tu es entrepreneure, une des erreurs que je remarque, c'est de te disperser. C'est plus efficace de rester focus sur un projet, une mission à la fois, plutôt que d'ouvrir plein de chantiers. Cela s'apprend, et fait partie du mindset *d'entrepreneur. Il vaut mieux en faire moins et le faire mieux, à mes yeux. C'est une discipline à acquérir, envers toi-même.*

Maïté, tu m'as demandé les trois ingrédients pour mener au succès ton business féminin. Voici mes trois ingrédients :

- *écouter ton envie, ce que tu as au fond de toi ;*
- *bien t'entourer, et bien choisir avec qui tu travailles (les tempéraments qui matchent avec toi) ;*

- *sentir quand tu commences à être dépassée pour faire des choix, et trancher (redéfinir tes priorités pour éviter d'être en surrégime).*

Pour retrouver l'intégralité de l'interview au format podcast avec Charlotte, c'est par ici : https://podcast.ausha.co/pauses-inspirantes/charlotted

Exercice pratique

À LA RECHERCHE DE L'AUTORITÉ NATURELLE

Identifiez si votre autorité naturelle (expertise perçue) est suffisante à votre goût. Si ce n'est pas le cas, notez les points d'amélioration que vous pouvez imaginer pour renforcer votre autorité naturelle :

- allez chercher des recommandations d'autres sites ;
- créez du contenu de qualité, partagé à de multiples reprises ;
- proposez des lives, des interviews, des interventions sur vos réseaux sociaux ou site Internet à des personnes influentes dans votre domaine ;
- travaillez le SEO de votre site pour renforcer la crédibilité de vos supports de communication.

LES RÈGLES D'OR

> Le secret pour créer du contenu magnétique, c'est de susciter de l'émotion dans vos créations de contenus web.

> Les bases d'un rédactionnel efficace sur le web sont :
- susciter l'émotion ;
- rythmer le texte pour donner envie de lire jusqu'au bout ;
- écrire des phrases courtes ;
- aérer son texte ;
- utiliser des mots puissants.

> Utilisez le « vous » en majorité dans vos textes et réduisez le « je ». L'internaute doit se sentir concerné, embarqué avec vous.

> L'astuce pour créer du contenu qui plaît à votre cible, qui lui permet de se connecter avec vous et votre marque, c'est de vous glisser dans ses pensées. Plus vous connaissez votre cible, plus vous la comprenez, et plus vos contenus lui seront exactement destinés.

> Le choix de vos sujets, vos connaissances, et la manière de rendre vos textes irrésistibles sont les ingrédients parfaits pour faire de vos lecteurs des addicts. Faites-vous confiance et laissez votre bon sens faire le reste !

> Quelques pratiques sont à bannir sur le web :

- employer le terme « newsletter » ;
- ne pas remplir les champs proposés lors d'une publication sur YouTube, ou les réseaux sociaux (description, tag, etc.) ;
- des *backlinks* de médiocre qualité ;
- un contenu pauvre, inintéressant ;
- pas de stratégie SEO ;
- un site *non responsive* (qui ne s'adapte pas correctement à la lecture sur mobile) ;
- trop peu de texte sur vos pages ;
- du contenu dense, une page non aérée ;
- un site extrêmement lent (faites le test de vitesse de votre site gratuitement avec Page Speed Insights).

> Les pratiques à bannir sur Instagram :

- vous abonner à des centaines de comptes pour espérer un retour ;
- pratiquer le *follow/unfollow* (vous abonner à un compte, puis vous désabonner dans les heures ou jours qui suivent) ;
- publier chaque jour si cela n'est ni plaisant pour vous, ni pertinent pour votre cible ;
- créer du contenu vide, creux ;
- copier très largement un autre compte ;
- utiliser plus de 20 # dans votre description ;
- ne pas utiliser la fonction « lieu » ;
- liker en masse ;
- acheter des faux abonnés pour faire grossir votre nombre d'abonnés (c'est mal. Vraiment mal : vous faites chuter votre taux d'engagement ainsi).

> Pour faire la différence sur le web ou sur les réseaux sociaux, le choix de vos mots est important… L'usage de

mots puissants est une baguette magique bien souvent négligée.

> La puissance des mots est aussi extrêmement importante dans le titre. Un titre irrésistible, c'est l'assurance de faire la différence et d'attirer les internautes dans votre univers. Les titres les plus efficaces sur le web sont :

- Comment...
- X astuces pour...
- Top X de...
- Le guide ultime pour...

> Ce qui reste efficace dans un titre d'article ou de post est d'employer un chiffre (4 astuces, 7 leviers, 98 %...). Ou d'évoquer des *tips* secrets, les astuces de pro. Tout le monde rêve de connaître les secrets, et les internautes raffolent des listes.

> Les points cruciaux pour vos contenus sur les réseaux sociaux :

- une harmonie visuelle (avec ou sans image) ;
- un titre impactant ;
- un sujet qui intéresse votre audience.

> Rédiger avec la technique du CRIP : Court, Rythmé, Illustration, Présent.

> Penser à renforcer votre autorité naturelle par des actions puissantes.

PARTIE 3

LE *MINDSET* OU COMMENT CROIRE EN SON BUSINESS POUR RÉUSSIR

— 1 —

LA RÉVÉLATION DU VRAI SOI

BAS LES MASQUES

J'ai une révélation à vous faire : cette partie m'émeut. Beaucoup. Pourquoi, au juste ? Parce qu'elle est celle qui, au-delà de la technique marketing, vous apporte la réussite. Mais aussi la satisfaction, l'apaisement et le plaisir. La révélation du vrai soi peut être douloureuse, inconfortable, un défi ou tout ce que vous voulez. Mais c'est surtout le plus beau cadeau que vous puissiez vous offrir.

Vous l'avez perçu à travers cet ouvrage, j'ai à cœur de montrer et prouver que chaque femme entrepreneure peut accéder au succès, à sa réussite. J'ai profondément envie que nous, les femmes, prenions nos places et assumions nos ambitions et désirs. Je sais par expérience que le *mindset* (votre état d'esprit) est ce qui fait toute la différence entre deux personnes au projet strictement identique.

L'avez-vous remarqué ? À l'école, personne ne vous a appris à travailler vos pensées, votre vision ou votre savoir-être. Vous avez appris une forme de raisonnement, certes. Mais avec cette forme d'apprentissage seule, il vous manque une partie cruciale pour votre épanouissement en tant que femme : la connaissance de vous-même, et mieux encore, la révélation de votre vrai vous. Pas de méprise : vous évoluez, constamment. Vous n'êtes jamais à 100 % la même, votre conscience, vos envies, vos désirs, vos besoins évoluent à chaque instant : c'est merveilleux. C'est exactement ça, la vie.

Mais en tant qu'entrepreneure, pour avoir la foi, la confiance nécessaire pour porter votre business au succès, rien ne sera plus efficace que la connaissance de vous-même. C'est précisément cette connaissance personnelle qui vous connecte à votre pouvoir intérieur. Votre puissance féminine, aussi.

Vous êtes unique. Singulière. Incomparable.

C'est un cadeau, une vraie force.

Je le sais bien, par confort et par peur du rejet, vous pouvez avoir tendance à vouloir rester dans un cadre. Ne pas faire de vague, ou bien ne pas briller. Je le comprends parfaitement, je ne voulais pas non plus prendre réellement ma place, au début. Mais en restant dans ce schéma, vous vous autosabotez et vous vous privez de la joie, de l'étincelle intérieure.

Posez-vous cette question, puissante : pourquoi est-ce que je ne me montre pas exactement telle que je suis ? Et plus fort encore : qu'ai-je donc à cacher de si important, pour ne pas simplement être ? Je vous conseille de faire une pause dans votre lecture pour répondre à cette question. Elle peut changer votre rapport à vous-même, et aux autres.

Pour moi, elle a été la clé de l'acceptation de moi-même. Oui, la clé.

Lorsque j'ai trouvé réponse à cette question, ma vie n'a plus jamais été la même. Car j'ai ensuite décidé d'accepter toutes les parties de moi, même celles dont je suis moins fière. J'ai cessé de vouloir être la femme parfaite, pour être, simplement. C'est extrêmement libérateur, et le plus beau cadeau que je ne me suis jamais fait.

Pourquoi ?

Car aujourd'hui, je suis, simplement. Peu importe ce que les autres pensent de moi, de mes services, de mon business. Je suis ma propre ressource intérieure, je ne cherche plus à l'extérieur les validations, l'approbation ou l'amour. J'ai désormais tout en moi.

C'est exactement pour cela que je désire, du plus profond de mon âme, que vous y parveniez aussi. C'est un cadeau que vous vous faites. Vous vous offrez un présent inestimable en lisant ces lignes, et en appliquant ce que je vous suggère. Peut-être que vous n'êtes pas prête aujourd'hui, mais que vous reviendrez dans quelque temps trouver vos réponses ici.

Je suis convaincue que vous avez toutes les ressources en vous pour être pleinement vous-même, sans enrobage, accepter toutes les parts qui composent la personne que vous êtes, puis vous envoyer :

- de l'amour ;

- de la compassion ;
- et de la douceur.

D'ailleurs, avez-vous conscience que vous portez un masque constamment ? C'est OK de le faire, à partir du moment où, sous ce masque, vous savez qui vous êtes vraiment. Et que ces masques ne vous empêchent pas d'exprimer votre vraie nature.

Rappelez-vous, en tant qu'entrepreneure, une partie de vous s'est transposée dans votre entreprise. Les choix que vous faites, l'orientation et les valeurs de votre business partent de vous. Vous êtes l'âme et l'essence de votre société (oui, même si c'est « juste un complément d'activité, pour essayer, comme ça »…).

Bas les masques ! Osez être vous !

C'est tellement beau, et rafraîchissant. C'est ainsi que votre communication sera à votre image ou celle de votre marque. Voulez-vous que je vous dévoile un secret ? Selon moi, LE secret d'un chiffre d'affaires qui oscille entre 50 000 et 85 000 euros par mois ?

Oui ? Parfait…

Le travail sur la connaissance de soi est le levier le plus puissant pour attirer comme des aimants les clientes. Oui.

Par exemple, c'est parce que je sais qui je suis que je communique avec authenticité, vulnérabilité parfois, confiance, que mes clientes se connectent avec moi. Idem pour les internautes, les abonnées. Au-delà de mes compétences techniques irréfutables en SEO, création de contenu et rédaction web… ce qui attire à tous les coups vers moi, c'est mon énergie.

Mais cette énergie, c'est simplement mon vrai moi. Vous voyez ? Sans masques, sans fards, sans honte. Je suis « simplement moi », j'exprime librement mes idées, mon message est fluide, je suis, dans la joie.

Jamais au grand jamais, je n'aurais pensé au début de ma vie entrepreneuriale que la connaissance de soi serait un tel facteur du succès. Jamais. Force est de constater que c'est en réalité un des leviers les plus puissants pour réussir dans son business féminin, et s'épanouir pleinement.

Vous portez des masques au quotidien, alternativement, selon les circonstances. Ces masques sont construits à travers votre histoire, votre vécu. Pour vous protéger, vous adoptez des comportements, des attitudes qui ne reflètent pas votre vraie personnalité. Parfois, vous enfilez votre masque de dominante ou de victime. Ou encore, vous portez un masque qui atténue vos émotions, ou la portée de votre message.

Vous avez construit la pensée, au fil des expériences, que vous montrer sans fard (telle quelle) est un danger. Qu'il est plus judicieux de masquer, camoufler, cacher votre vérité pour ne pas souffrir. Mais c'est faux.

Les masques vous emprisonnent plus qu'ils ne vous libèrent. Ce sont des chimères, des illusions d'optique qui vous éloignent de votre paix intérieure. Comme un mirage, une fausse version de vous.

Comment, en pratique, faire tomber vos masques ? Ceux qui vous accompagnent au quotidien, dans l'ensemble de vos relations (y compris avec vous-même).

Voici plusieurs axes à creuser :

- identifiez la blessure émotionnelle qui vous a le plus touchée, dans votre vie (derrière elle se cache aussi l'une de vos plus grandes forces) ;
- observez vos pensées et croyances (que pensez-vous de vous-même, et des autres) ;
- notez vos blocages conscients (exemple : je n'aime pas téléphoner, je déteste prospecter, j'ai peur de montrer mon visage en *story* sur Instagram). Puis posez-vous cette question : « En quoi le blocage en question serait au contraire une excellente chose pour moi ? » Et renversez la vapeur ! Montrez à votre cerveau qu'il y a plus de positif à en tirer... et vous verrez ;
- demandez-vous quelle est cette chose que vous ne voulez surtout pas que les autres découvrent sur vous (il n'y a pas de mauvaise réponse, cela se passe entre vous et vous-même).

Rappelez-vous que chacune d'entre nous a été blessée dans son parcours de vie. Que chacune de nous ressent des croyances et des blocages : c'est humain. Normal. Commun. Nous avons toutes des complexes, toutes. Vous voulez un petit florilège en exemple ? Allons-y !

Vous pouvez penser ceci : mes pieds sont vilains, mes cheveux sont trop bouclés, mon ventre n'est pas assez plat, je suis trop petite, je suis beaucoup trop grande, ma voix est trop aiguë, je ne comprends pas bien l'anglais, mon accent est affreux, je ne suis pas assez réactive, je tremble comme une feuille à l'idée de parler en public.

Nous avons également toutes des moments de vie ou des actions dont nous ne sommes pas fières : j'ai volé un bonbon quand j'avais 5 ans, j'ai piqué le petit ami d'une fille de ma classe en troisième, j'ai fouillé dans le téléphone portable de mon chéri sans raison, j'ai menti à ma mère, j'ai vécu un burn-out, j'ai tout plaqué deux jours avant mon mariage, j'ai falsifié mon CV pour décrocher un poste...

Peu importe.

Ces complexes ou ces actions avec lesquels vous n'êtes pas à l'aise ne vous définissent pas. Vous portez des masques en fonction des circonstances, **pour éviter de vous montrer telle que vous êtes.**

Ce qui est intéressant à explorer c'est aussi pourquoi vous tenez à porter vos masques, consciemment ou non. Il est évident que si vous vous comportez ainsi, c'est parce que cela vous apporte un bénéfice quelque part, non ?

Parfois, un masque devient une seconde peau que vous voyez comme une protection. Mais de quoi voulez-vous vous protéger ? Plus vous serez vous, plus vous accepterez votre identité, votre parcours, vos qualités, vos défauts... Plus vous vous rapprocherez du succès. La réussite entrepreneuriale n'est pas exclusivement liée à un business plan, des contacts, des investissements et une stratégie.

Arrêtez de vous cacher en partie ou totalement, soyez vous-même et brillez ! Osez ! Autorisez-vous ! Vous verrez, c'est tellement libérateur.

L'AFFIRMATION DE SES AMBITIONS

L'ambition n'est pas un vilain mot. Je répète : **l'ambition n'est pas un vilain mot !** Pourtant, pour certaines d'entre vous, il y a de la gêne derrière l'ambition. Presque comme un gros mot.

Il y a plusieurs raisons à cela. Une des raisons majeures est que dans notre société patriarcale, nous avons entendu qu'une femme ne doit pas :

- être fière (et le montrer) ;
- être victorieuse (et le montrer) ;
- être ambitieuse (et le montrer).

Voyez un peu, lorsque l'on recherche « ambitieux » dans le dictionnaire des synonymes, voici ce qui apparaît :

- prétentieux ;
- présomptueux ;
- pompeux ;
- mégalomane ;
- désireux ;
- cupide ;
- arriviste.

Boum !

Alors, envie d'afficher et d'affirmer vos ambitions avec cette pression sur vous ? Hum... Je me doute que la réponse est non. Tout ceci est inconscient, mais pèse sur vos épaules, assurément.

Sortez de ce schéma, et assumez vos ambitions, vous vous remercierez sous peu. Puisque vous lisez cet ouvrage, c'est que vous êtes une femme d'ambition. Pour vouloir créer une entreprise, ou pour franchir le cap et viser le succès, c'est que vous avez de l'ambition. Votre ambition n'est pas celle de la voisine, ni celle de votre cousine Martine. Vous possédez votre propre définition de l'ambition, c'est cette définition personnelle qu'il serait bon d'assumer à 100 %.

Pour réussir, vous devez croire en votre business. Et pour croire en votre business, vous devez croire en vous... et en votre ambition.

Imaginez un peu.

Vous êtes créatrice de bijoux artisanaux, c'est ce que vous aimez depuis toujours. Manipuler les pierres, les façonner, les assembler... Et découvrir les regards éblouis des femmes qui portent vos créations. Vous créez du bonheur, de la joie, des souvenirs et des émotions, grâce à votre créativité et à vos mains.

Toutefois, vous créez vos bijoux « en toute discrétion », parce que dans votre entourage on vous a dit que « ce n'est pas un métier », ou que « ce n'est pas une activité rentable ». Pire encore, vous avez toujours en tête un acerbe « tu penses vraiment que tu vas gagner de l'argent avec tes colliers ? Il y a déjà des milliers de créateurs avec de grosses équipes, mais bon, tu fais comme tu veux ».

Alors, vous jouez petit. Vous créez un peu. Vous communiquez un peu sur vos créations. Vous ne prenez pas de place, ne brillez pas. Plus exactement, vous ne vous l'autorisez pas. Et pourquoi vous bridez-vous exactement ?

Parce que vous n'assumez pas vos ambitions... parfaitement.

Vous jouez riquiqui. Tout petit ! Pour ne pas briller, pour ne pas réussir, parce que vous avez peur du regard des autres ou de vous-même, pour ne pas afficher que vous êtes ambitieuse. Mais votre ambition est le moteur de votre entreprise.

Où voulez-vous aller, pourquoi, pour qui ?

Si votre rêve est de générer 5000 euros de revenus par mois, assumez votre ambition.

Si votre rêve est de générer 300 euros par mois, assumez tout autant votre ambition.

Si vous rêvez de vivre isolée, seule au monde sur une île bretonne grâce à l'ostréiculture, assumez votre ambition.

Si votre rêve est d'être la créatrice de robes de mariée la plus *successful* de sa génération, assumez votre ambition.

Laissez-la éclore et prendre sa place. À ce stade, vous vous dites peut-être que votre ambition est floue. Que vous, vous voulez juste « réussir », un peu.

J'ai une bonne nouvelle pour vous, car cela va changer. Vous voici maintenant en quête de votre profonde ambition. Prenez un papier et un stylo et demandez-vous :

- Combien d'argent voulez-vous générer par mois, par an ?
- Quelle femme voulez-vous être ?
- Pourquoi voulez-vous ce que vous désirez ?
- À quoi ressemble votre vie idéale ?
- Quel style de vie, quel rythme, etc.

Creusez, osez coucher sur le papier ce que vous voulez vraiment. Listez tout : du matériel, de l'immatériel, de l'argent, des émotions, tout. Oui, vous êtes ambitieuse et c'est beau. En étant ambitieuse, vous vous laissez la possibilité d'atteindre vos désirs. Vous possédez les clés de votre réussite, et si celle-ci vous effraie, vous fait douter ou vous met dans l'inconfort… c'est le signe que le travail sur vous-même sera bénéfique.

Gardez en tête un élément : vos ambitions n'ont pas à être démesurées pour exister. Connectez-vous à vos désirs personnels pour trouver « l'alignement » et la satisfaction lors de l'atteinte de vos objectifs. Certaines ambitions – financières entre autres – sont celles d'un grand nombre d'entrepreneures. Il n'y a aucun mal si elles correspondent vraiment à ce qui vous anime.

Affirmer ses ambitions commence tout d'abord par les faire émerger, en conscience, pour vous-même. Puis, à les faire coïncider avec vos actions. Soyez honnête envers vous-même, et pensez solution. Si vous voulez faire connaître votre offre ou service, plusieurs possibilités s'offrent à vous, vous l'avez constaté :

- publicités Google Ads, ou sur les réseaux sociaux ;

- publications sur les réseaux sociaux (avec une stratégie de contenu bien ficelée) ;
- optimisation et stratégie SEO pour du trafic organique bien ciblé ;
- vidéos YouTube régulières ;
- campagne d'e-mailing fréquente (newsletter).

Le choix est vaste !

Souvent, vous entendez que communiquer est facile. Qu'il suffit d'avoir la bonne méthode et de l'appliquer. C'est vrai... mais en partie seulement. Car vous devez être prête à créer du contenu, communiquer régulièrement, avec constance et authenticité pour vous connecter avec votre cible.

La seule manière d'atteindre les objectifs liés à votre ambition, c'est de faire connaître votre offre. Vous le savez bien, pas vrai ? Vous pouvez posséder la meilleure offre qui soit, absolument irrésistible et aux résultats bluffants pour votre clientèle... Si personne n'entend jamais parler de votre offre, vous ne vendrez pas. Point. C'est un fait.

Affirmer vos ambitions consiste donc aussi à aligner vos actions avec vos objectifs. De hautes ambitions demandent une implication (énergétique et en actions) plus haute que la moyenne, c'est une certitude. Toutes les femmes que j'ai pu interviewer dans cet ouvrage ou *via* le podcast Femmes du Web en sont l'exemple parfait : pour sortir du lot, elles ont toutes travaillé sur elles-mêmes. Elles ont accepté de se montrer vulnérables, de baisser les masques et d'affirmer leur unicité.

À mes yeux, le succès – au féminin ou non – repose sur différents piliers dont quatre piliers phares :

- la stratégie d'entreprise et les leviers utilisés (le SEO, la création de contenu, le marketing) ;
- le travail sur soi de l'entrepreneure à la tête du business ;
- la compréhension parfaite des besoins de sa cible ;
- la relation à soi-même, à la réussite, à l'argent aussi.

Aaah, l'argent ! C'est comme l'ambition, aussi recherché que détesté. La relation à l'argent est un travail, un focus à part entière que je recommande à toute entrepreneure d'effectuer. Nous y reviendrons plus tard dans cet ouvrage, mais j'aimerais planter en vous cette petite graine dès à présent : **quelle est votre relation à l'argent ?**

Aimez-vous l'argent ? Le détestez-vous ? Quelles sont vos pensées par rapport à l'argent ? Quels sont vos comportements avec celui-ci (êtes-vous cigale ou fourmi) ? Quelles émotions émergent en vous à l'évocation de l'argent ?

Prenez un temps pour réfléchir à ces questions. Puis reprenez la lecture.

L'entrepreneuriat féminin, la connaissance de soi, la connexion à son pouvoir personnel, la relation à l'argent, l'affirmation de ses ambitions, le regard des autres. Voilà quelques ingrédients d'un cocktail dynamité. Ce cocktail est le discours intérieur de chaque femme entrepreneure... Du dosage et de la qualité des ingrédients dépend la saveur de votre cocktail. Comment voulez-vous composer le vôtre ? Quel nom lui donnerez-vous ?

À ce stade de l'ouvrage, il est possible que mille questions se bousculent en vous ou bien que ces dernières lignes vous aient dérangée. Ou au contraire excitée.

C'est bien, c'est important. Mettre de la conscience sur ces sujets vous permet de passer des paliers qui vous mènent vers votre propre succès.

LA COMPARAISON ET LA VOIX INTÉRIEURE

Est-ce que cela vous est déjà arrivé, à vous aussi ? Voir défiler en boucle dans votre tête des pensées incessantes comme :

- waouh, cette femme est un cran au-dessus ;
- je ne suis pas à la hauteur, je ne fais pas aussi bien ;
- il·elle est tellement inspirant·e ;
- je ne suis pas assez ;
- je ne peux pas lancer ce live sur Instagram, personne ne va m'écouter ;
- j'annule, l'offre de Bettina est beaucoup plus intéressante que la mienne, je vais échouer.

Je suppose que vous venez de répondre « oui », c'est normal. Tout le monde a déjà entendu cette voix intérieure qui compare à quelqu'un d'autre ou une situation passée. Moi-même, je l'ai déjà entendue et je l'entends encore. Sauf qu'aujourd'hui, je sais contrer les pensées et reprendre le contrôle. C'est exactement l'objectif que je vous propose aujourd'hui : savoir identifier la voix intérieure qui vous bride, pour mieux la gérer.

Si vous entendez cette voix qui vous compare aux autres femmes entrepreneures, aux autres au sens large, comment se fait-il que dans 90 % des cas, elle vous rabaisse ?

C'est vrai, pourquoi dites-vous à propos de vous-même que vous êtes alternativement « moins », « pas assez », « moins bien/inspirante/impactante » que l'autre ?

Une idée ?

Il s'agit en réalité de protection. Votre cerveau (très malin, remerciez-le, même si ici cela vous dessert) veut vous éviter la douleur d'un échec, ou d'une situation que vous vivriez mal. Pour cela, il déploie des trésors d'ingéniosité, comme vous faire croire que vous êtes moins bien ou pas assez.

C'est faux.

Vous êtes assez telle que vous êtes aujourd'hui pour avancer dans tous vos projets. Tout est déjà parfait. Si vous avez en tête votre projet, une envie, une idée que vous voulez vraiment développer, lancez-vous et testez.

Votre cerveau usera de stratagèmes pour vous limiter, vous freiner car **il a peur du changement**. Oui, même si ce changement est bénéfique pour vous ! Ce comportement est ancré chez nous, les humains, et archaïque. Une partie de votre cerveau primitif réagit toujours comme au temps de l'homme des cavernes, en protection constante. Et à l'époque, le danger était un danger de mort – oui, littéralement – qui provenait de l'inconnu, essentiellement.

Que se passe-t-il quand vous envisagez une nouveauté, un nouveau projet, offre ou service ? Votre système nerveux se met en alerte : bim ! Vous êtes en danger de mort. Donc votre voix intérieure commence à vous comparer aux autres, etc., pour vous freiner, dissuader et limiter.

Votre rôle, en tant qu'entrepreneure ambitieuse, qui veut réussir et s'épanouir, est d'identifier lorsque votre cerveau lance l'offensive pour vous protéger. Vous ne pourrez peut-être pas empêcher l'assaut de pensées terrifiantes qui arrivent, non, mais vous saurez déceler ce qui est la réalité de ce qui est fictif, envoyé par votre cerveau primitif (reptilien[6])... Et comprendre également votre cerveau émotionnel.

Vous comprenez où je veux en venir ?

Vous avez le pouvoir sur vous. Vous pouvez dompter vos pensées pour ne conserver que les meilleures, celles qui sont vraiment utiles pour vous permettre d'avancer.

Est-ce qu'entendre en boucle dans votre cerveau que l'entreprise Imthebest est plus efficace que la vôtre, plus connue, plus ci ou ça, est une bonne chose pour vous ? Cela dépend. Si cette pensée est un constat – preuve à l'appui –, et que vous vous servez de cela pour proposer une meilleure version de vos prestations... Si elle vous booste, si elle vous propulse, si elle vous permet de sortir le meilleur de vous-même. Alors peut-être que cette pensée est à conserver.

---

6. https://hal.archives-ouvertes.fr/hal-02495298/document

Mais si cette pensée vous bloque, vous liquéfie sur place, vous enfonce… Est-elle vraiment utile ? Changez le cours des choses, sortez de la fatalité et domptez vos pensées : c'est la meilleure chose qui puisse vous arriver.

Comment expliquez-vous qu'à circonstances égales, deux personnes réagissent différemment ? Ce n'est pas seulement une histoire de génétique ou de caractère. Il est aussi question de *mindset*, de pouvoir personnel. Ne rêvez-vous pas de prendre le pouvoir sur vos pensées limitantes, les comparaisons inutiles et autres réflexions nuisibles ?

Vous êtes votre plus bel atout. La réussite de votre entreprise dépend aussi de la manière dont vous pilotez ce pouvoir sur vous. Vous rendez-vous compte du potentiel qui sommeille en vous ? Ce travail personnel est infini, vous évoluez constamment, votre ambition et vos objectifs aussi !

Parfois, lors d'interviews, il m'est demandé quelle est selon moi, la clé du succès (si tant est qu'il en existe une). Je perçois dans la question l'attente de ma réponse qui serait « le SEO, bien sûr », puisque c'est la méthode que j'enseigne et préconise pour dominer son marché sur le web. Je m'abstiens à chaque fois de répondre « le SEO », car à mes yeux, la clé du succès réside d'abord en vous. Puis, ensuite, dans le choix stratégique de votre communication, particulièrement à l'ère du digital.

Vous êtes votre propre clé de la réussite, mais aussi votre propre frein. Vos pensées ont le pouvoir magique de créer votre réalité. Comme un architecte va coucher sur papier les plans d'une demeure, grâce à vos pensées vous créez votre empire. Littéralement. Plus votre vision est claire, plus vous mettez de sens derrière vos actions, et plus vous atteindrez vos buts.

Je dis souvent que le SEO est une affaire de patience, et de foi en vos actions. Rendez-vous compte : il m'est arrivé de rédiger des textes SEO *friendly,* en ayant l'objectif de les positionner en première place sur Google... Et de ne rien voir se produire dans les résultats des moteurs de recherche avant six mois (cinquième page), dix mois (deuxième page), treize mois (première page, huitième position), seize mois (première sur Google).

Seize mois. C'est long, surtout si vous n'avez pas foi en vos actions. Ce n'est pas un miracle, c'est un savant mélange de technique, de confiance en moi, en ma méthode, en mes qualités rédactionnelles. Mais aussi un travail sur mon état d'esprit (le fameux *mindset*) et ma petite voix intérieure.

Combien de fois me suis-je dit « ce texte est en première place sur Google, il me paraît indétrônable », mais, je décide de me positionner dessus pour mes clientes. J'ai foi pour elles en la stratégie mise en place. Au-delà d'une prestation SEO que je réalise pour elles, avec ma *team* de killeuses du SEO, elles viennent cadrer avec ma confiance. Mes certitudes. Je les embarque dans mon univers, ma puissance intérieure.

Pour permettre cela, je dois impérativement prendre soin de mes pensées, de mon pouvoir personnel. Maîtriser le doute, les pensées de comparaison et apprivoiser cette voix intérieure, voilà la clé d'un business à succès. Croyez profondément en vous, même sans certitude, autorisez-le-vous, et vous croirez aussi en votre business. Tout est lié.

Essayez, vous m'en direz des nouvelles.

Pause inspirante

CHLOÉ BLOOM, DE L'HUMAIN, DE L'HUMAIN ET… DE L'HUMAIN

Chloé Bloom est une femme qui s'autorise, qui partage, qui montre la voie. À travers sa marque personnelle Chloé Bloom, sa mission est d'accompagner pour redonner le pouvoir personnel à celles et ceux qui le veulent. Comment ? En leur permettant de transformer leur monde intérieur afin que cela se reflète sur leurs vies. Chloé possède plusieurs entreprises dont la marque Maison La Lune, un espace de coworking en région lyonnaise (We Are Aurae), et la Bloom Academy.

Chloé propose des programmes en ligne, mais aussi des retraites spirituelles en présentiel et accompagne également en professionnel. Son succès (1 million d'euros de CA sur l'activité web en trois ans), elle le doit à elle-même et à la manière dont elle a bâti une communauté sur les réseaux sociaux : plus de 228 000 abonnés sur Instagram, 246 000 abonnés sur YouTube… Découvrez la vision de Chloé de l'impact du web dans un business, et sa vision du *mindset.*

Pour ma part, à la différence de beaucoup d'infopreneurs (entrepreneurs sur le web), j'ai vraiment commencé à bâtir ma communauté à travers les réseaux sociaux. Et spécifiquement en organique (c'est-à-dire, sans publicité). Mon but, c'était de construire une communauté qui croit et adhère à mes valeurs, qui peut me faire confiance, qui sait que je délivre énormément de contenus... Beaucoup de conseils, de supports, de cadeaux. La vision, c'était vraiment la notion de communauté, qui tisse des liens entre eux, qui échange, qui partage.

De plus, j'ai eu à cœur de proposer des offres qui puissent s'adapter à tous : différentes problématiques, différents budgets, différentes formules. C'est volontaire : c'est hyperpuissant de créer à la fois une offre à destination de certaines personnes qui sont prêtes à investir un budget conséquent, et une offre pour les plus petits budgets, sans jamais exclure personne.

Concernant ma manière d'utiliser le web, je suis à contre-courant car je n'ai pas de site Internet. J'utilise exclusivement les réseaux sociaux et la liste e-mail. Je suis convaincue que l'on peut vendre sans site (la preuve), selon le secteur d'activité. En revanche, pas sans contenu de valeur.

Pour la création de contenu, sur Instagram ou un réseau social, je conseille toujours de mettre de l'humain. Visuellement (avec une photo) ou dans le texte, le contenu. Un post avec de l'humain, de la personnalité, de l'humour, ou de l'authenticité, marchera toujours plus qu'un post « bateau ». Il vaut mieux avoir une personnalité associée au business, au conseil, du produit, plutôt que du conseil « Google »... Que l'internaute cherche sur Google ! Un réseau social n'est pas un moteur de recherche.

Sur un réseau social, il faut que le contenu soit attachant, divertissant, polarisant, intéressant, etc. C'est un réseau social. Même si c'est pour un business, ne jamais oublier l'humain. On peut avoir tendance à penser que quand on communique pour une marque, un business, il faut que ce soit « aseptisé », mais non. Il faut de l'humain, du social. C'est ce que recherche l'internaute sur un réseau social : montrer de la vulnérabilité, de l'authenticité, de l'humour, du lien...

Quand je me suis lancée sur le web, je me suis dit que je n'avais rien à perdre. Pas d'investissement fort... J'étais en burn-out, j'avais quitté mon job salarié, j'avais envie de le faire et quelque part j'étais au pied du mur. Je n'avais pas d'autre choix que cela fonctionne. Et ça a fonctionné. Avec la recette que j'ai évoquée précédemment : les réseaux sociaux, un contenu de valeur et de l'authenticité.

D'un point de vue posture, positionnement au sein de mon entreprise, les choses ont beaucoup changé en quatre ans. Aujourd'hui, je suis là pour donner la direction, pour infuser les valeurs de la marque dans l'entreprise, pour la positionner en tant que leader. Je suis sur les choix, les décisions, et non plus dans l'opérationnel.

Ça m'a demandé de lâcher prise, énormément. D'accepter que je n'allais plus tout faire et donc que le résultat ne serait pas toujours comme je l'avais imaginé. Que les mots utilisés ou l'angle ne seraient pas forcément ceux que j'aurais choisis, idem sur une couleur, un détail, une date, etc. Accepter aussi que les autres puissent se tromper. Ça demande une posture de leader assez importante. Et de faire totalement confiance.

Autre point fort à gérer personnellement (je ne le pensais pas), c'était d'accepter de travailler moins (en nombre d'heures) que ma propre équipe. Et donc, travailler sur la notion de culpabilité. Avec un peu de recul, entre Chloé du début et celle d'aujourd'hui, c'est le jour et la nuit. Aussi bien pour mon rôle, mes actions, mes pensées, et qui je suis... C'est tellement différent !

Si je peux te donner un conseil, c'est d'être en constante introspection. Tourner toujours la loupe à l'intérieur de toi, pose-toi les questions et accepte tes propres réponses. Par exemple, tu peux te demander si tu aimes toujours ce que tu fais, est-ce que la manière te fait vibrer, est-ce que tu es toujours raccord avec la vision initiale, etc.

Pour moi, te poser toujours des questions, aller regarder avec la loupe en toi, c'est ça l'esprit de croissance. Ça te permet d'avoir un état d'esprit fixe et clair. Plutôt que de te poser les questions comme « pourquoi ça m'arrive à moi, qu'est-ce que j'ai fait pour mériter ça... » pose-toi les questions qui t'aident à aller de l'avant. Pour cela, regarde en toi. Et vois si tout est aligné : tête, cœur, tripes. Demande-toi si tu aimes encore ce que tu fais, quels sont les clients que tu veux avoir, à qui tu veux t'adresser. Il y a des switches, et c'est normal. C'est important de t'écouter car si tu ne t'alignes pas à toi, ça va se ressentir (sur tes ventes, ton engagement etc.).

N'oublie pas : si tu te perds toi, tu perds tout.

Pour retrouver l'intégralité de l'interview au format podcast, rendez-vous ici : https://podcast.ausha.co/pauses-inspirantes/chloe

Exercice pratique

APPRENDRE À SE CONNAÎTRE

La connaissance de vous, l'exploration de votre identité est essentielle pour aller là où vous le souhaitez avec votre business.

Pour commencer, posez-vous cette question, puissante : pourquoi est-ce que je ne me montre pas exactement telle que je suis ? Et plus fort encore : qu'ai-je donc à cacher de si important, pour ne pas simplement être ?

Répondez honnêtement à ces questions, elles peuvent changer votre rapport à vous-même, et aux autres.

Nous portons toutes des masques au fil des jours et des circonstances. Mais derrière ces masques, il y a votre vraie nature. Comment, en pratique, faire tomber vos masques ?

Voici plusieurs axes à creuser :

> identifiez la blessure émotionnelle qui vous a le plus touchée, dans votre vie (derrière elle se cache aussi l'une de vos plus grandes forces) ;
> observez vos pensées et croyances (que pensez-vous de vous-même, et des autres) ;
> notez vos blocages conscients (exemple : je n'aime pas téléphoner, je déteste prospecter, j'ai peur de montrer

mon visage en *story* sur Instagram). Puis, posez-vous cette question « En quoi le blocage en question serait au contraire une excellente chose pour moi ? » Et renversez la vapeur ! Montrez à votre cerveau qu'il y a plus de positif à en tirer... et vous verrez ;
> demandez-vous quelle est cette chose que vous ne voulez surtout pas que les autres découvrent sur vous (il n'y a pas de mauvaise réponse, cela se passe entre vous et vous-même).

Lorsque l'on enfile son masque, c'est que l'on souhaite se protéger. Mais de quoi vous protégez-vous, finalement ? Que risquez-vous ?

À propos de votre ambition, demandez-vous :

> où voulez-vous aller ?
> pourquoi ?
> pour qui ?

Continuez en creusant davantage :

> combien d'argent voulez-vous générer par mois, par an ?
> quelle femme voulez-vous être ?
> pourquoi voulez-vous ce que vous désirez ?
> à quoi ressemble votre vie idéale ?
> quel style de vie, quel rythme, etc. ?

Associée à l'ambition se trouve la relation à l'argent. Posez-vous ces questions :

> quelle est votre relation à l'argent ?
> aimez-vous l'argent ?

> le détestez-vous ?
> quelles sont vos pensées par rapport à l'argent ?
> quels sont vos comportements avec celui-ci (êtes-vous cigale ou fourmi) ?
> quelles émotions le fait d'évoquer l'argent fait-il émerger en vous ?

— 2 —

LA STRATÉGIE DE COMMUNICATION SUR MESURE

LES LEVIERS DE COMMUNICATION ATTRACTIFS ET EFFICACES

« *The place to be* du moment, c'est TikTok. Quoi, t'es pas sur Snapchat ? Tu veux booster ta crédibilité sans LinkedIn ? Outch, mauvaise idée… »

Stop ! En matière de communication, particulièrement sur les réseaux sociaux, chacun y va de son petit conseil, preuves et arguments à l'appui. S'il y a bien une certitude en communication, c'est qu'être partout, c'est être nulle part. Tout comme parler à tout le monde, c'est ne s'adresser à personne.

Faites des choix ! Évitez de vous épuiser à communiquer sur tous les réseaux sociaux et choisissez celui qui devient votre réseau de prédilection. Votre chouchou. Ultime conseil : ne cédez pas à la pression ambiante, restez focus et créez votre propre stratégie !

Afin de propulser votre business féminin, vous devez être leader, sur vous-même, vos pensées, vos choix, votre stratégie. C'est l'affirmation de ces décisions qui viennent booster votre communication.

Le saviez-vous ? Tous les réseaux sociaux ne répondent pas au même type de besoin, donc aux mêmes cibles. Retenez deux choses pour créer votre stratégie de communication sur mesure et efficace (en parallèle du SEO et de votre site web, bien sûr) :

- identifiez sur quel réseau social vous prenez du plaisir à partager ;
- identifiez aussi sur quel réseau social se trouve principalement votre cible.

Imaginez un peu.

Vous êtes professionnelle de la décoration d'intérieur, particulièrement pour les professionnelles du bien-être. De prime abord, par votre métier, je suppose que vous aimez les visuels, le beau. Sur quel réseau social partage-t-on essentiellement en visuel ?

Instagram, oui. Mais aussi Pinterest ou encore YouTube avec la vidéo.

Sur Instagram, les utilisateurs scrollent l'écran et font défiler des visuels selon les thématiques. Sur Pinterest, les visuels sont aussi à l'honneur, particulièrement pour celles et ceux qui cherchent des tendances, de l'inspiration. Et YouTube alors ? Particulièrement propice pour ceux qui aiment les tutos, les DIY, ou un format complet et dynamique.

En conservant notre exemple, votre cible est une femme de 30-50 ans qui évolue dans les métiers du bien-être. Elle a des goûts raffinés en décoration et sa propre cible est CSP+. Elle veut véhiculer une image luxueuse, de qualité. Pour cela, elle est prête à faire appel aux services d'une décoratrice d'intérieur qui saura lui parler avec le bon vocabulaire et comprendre ses besoins (affirmer son positionnement premium par la décoration de son cabinet).

Quel réseau social utilise cette cible, selon vous ? Instagram et Pinterest, bingo ! Vous avez tout intérêt à vous concentrer principalement sur ces deux plate-formes pour vos communications du quotidien, en plus de votre site SEO *friendly* qui travaille sur le long terme.

Vous comprenez le processus, n'est-ce pas ? Vous devez choisir pour être efficace. À la fois sur le réseau que vous aimez utiliser, et sur le ou les réseaux sur lesquels votre cible se trouve.

Besoin d'un récapitulatif des réseaux/supports et du type d'utilisateurs présents ? C'est parti !

Facebook

Le réseau social par excellence, celui qui possède le plus grand nombre d'inscrits (40 millions d'utilisateurs actifs en France en 2020)[7]. L'âge moyen est la case 25-34 ans (32 %) et 26 % de 35-54 ans, les utilisateurs hommes y sont majoritaires (57 %).

---

7. https://junto.fr/blog/facebook-chiffres-2021/#:~:text=Facebook%20en%20France,d'internautes%20dans%20le%20pays%20!

Concernant le format, les posts écrits et les vidéos sont plébiscités, et nombreuses sont les entrepreneures à utiliser Facebook principalement pour créer un groupe privé pour leurs membres.

Instagram
Instagram, mon réseau social favori ! Certes, c'est un réseau social initialement d'images, mais les *stories* et le format vidéo instantané tendent à se développer particulièrement (avec les Reels, les IGTV, etc.). En 2020, 21 millions d'utilisateurs français, 71 % des utilisateurs sont sur la tranche 25-34 ans[8]. Les utilisateurs consomment des contenus de marque sur Instagram afin de comprendre les coulisses, comprendre les valeurs de marque et tout ce qui est autour d'un produit ou service. Près de 80 % des internautes disent avoir été influencés par Instagram pour leur décision d'achat.

LinkedIn
10,7 millions d'utilisateurs LinkedIn en France en 2020, dont 52 % d'hommes. LinkedIn est le réseau social professionnel par excellence. D'ordinaire utilisé pour la vie professionnelle, les opportunités ou collaboration... Les marques et entreprises parviennent aussi à agrandir leur visibilité *via* LinkedIn. Le public est principalement sur la tranche d'âge 25-54 ans (75,6 %[9]), les coachs, conseillers et autres métiers liés à la vie professionnelle ou à l'expertise professionnelle peuvent attirer des prospects par ce levier.

---

8. https://www.oberlo.fr/blog/chiffres-instagram

9. https://blog.digimind.com/fr/tendances/linkedin-chiffres-incontournables-france-et-monde

Snapchat/TikTok

Sur ces deux réseaux sociaux au format vidéo, la créativité est de mise ! La portée (par les algorithmes) peut largement surpasser Instagram, par exemple. Si votre cible est plutôt jeune (moins de 30 ans), vous trouver sur TikTok peut accroître fortement la notoriété de votre entreprise. Pensez-y !

YouTube

YouTube n'est pas un réseau social à proprement parler, mais la plateforme vidéo la plus ancienne, référente dans le domaine. Détenue désormais par le géant Google, elle emprunte les codes du SEO avec un algorithme qui utilise des mots-clés pour positionner les vidéos. Vous positionner sur YouTube est une excellente idée si votre activité s'y prête, pour accroître votre crédibilité et pourquoi pas, monétiser vos contenus.

Podcasting

Vous l'avez compris, il est essentiel que vos choix soient cohérents en termes de présence sur les réseaux sociaux. La visibilité *via* votre site web n'est plus une option, mais bel et bien un impératif pour marquer et asseoir votre business comme une référence.

En revanche, votre présence sur les réseaux sociaux est à la fois très stratégique (à quel endroit se trouve votre cible) et très « au feeling ». Posez-vous cette question : Sur quel réseau social prenez-vous du plaisir ? Quel format vous convient le mieux ? Que recherchez-vous ?

Soyez honnête envers vous-même pour réaliser les bons choix : êtes-vous plus à l'aise à l'écrit ? Ou bien en vidéo ? Aimez-vous les mises en scène, le côté décalé ?

Ou préférez-vous le didactique, pas à pas, assez classique ? Il n'y a pas de mauvaise réponse, seul votre ressenti compte.

Attendez... Tut-tut-tut !

Je sais aussi que vous pouvez vous laisser berner par votre cerveau (ai-je déjà mentionné qu'il est particulièrement doué pour vous freiner ?). Si vous n'avez jamais conçu de vidéo, cela va vous sembler une montagne. Infranchissable. Donc, par défaut vous allez me dire que vous êtes plus à l'aise à l'écrit (alors que peut-être que les mots et vous, ça fait clairement deux, comme Drake et Kanye West, ou les supporters du PSG face à l'OM).

Sur l'ensemble des réseaux sociaux aujourd'hui, la vidéo est le format plébiscité. Pourquoi ? Parce que c'est ludique, ça se consomme facilement. Vous pouvez sous-titrer vos propos et illustrer aisément. Sur Instagram ou Facebook (et même YouTube maintenant), le format *story* cartonne.

En tant qu'entrepreneure, vous pouvez utiliser à votre avantage ces courtes vidéos, même sans montrer votre visage. Pour cela, il suffit de créer des *templates* (modèles) dans lesquels vous intégrez des textes, des images, des GIFS animés... Tout est possible !

Je vous conseille fortement de tester le format vidéo, en vous montrant ou non. Mais les humains ont besoin de se connecter, l'acte d'achat est de plus en plus réalisé *via* l'émotionnel. Bien sûr, sur tous les réseaux, dès lors que vous utilisez la vidéo, vous ne devez jamais négliger la description écrite de vos contenus. Je vous le rappelle, les algorithmes ne lisent que l'écrit... Pas (encore) les images. À vous d'être futée et d'attirer l'attention aussi par les descriptions.

Pour cela, restez vous-même. Soyez unique et authentique. Faites ressortir vos différences de marque, même si vous utilisez des modèles pour rédiger vos contenus. Utilisez votre propre vocabulaire, c'est ce qui vous rend identifiable, voire iconique. Personnellement, j'utilise du vocabulaire qui m'est propre, à partir duquel on m'identifie aussi. Comme « Queen du SEO, équipe de killeuses du SEO, boum ! Tut-tut-tut »... Tout cela contribue à appuyer et ancrer l'image de marque que je véhicule. C'est un ensemble.

Je ne change ni mon vocabulaire, ni ma personnalité, ni les sujets de mes posts selon le réseau social sur lequel j'apparais. Tout est fluide et cohérent parce que je suis alignée avec ma communication. Faites de même, vous verrez, cela fait toute la différence.

En somme ? **Soyez cohérente.** Avec votre message, votre business, votre cible, votre personnalité.

L'ÉCOSYSTÈME INTERNET

Je vous vois là, devant ce livre, à souffler et ronchonner dans votre barbe (que vous n'avez pas, je le sais bien !). Vous êtes en train de penser que mince, Maïté exagère. Que là, vous êtes partie pour reprendre toutes les pages de votre site pour les rendre SEO *friendly*. Que vous avez compris l'importance de créer une section blog pour vous positionner sur certains mots-clés. Et qu'en plus, maintenant, je vous incite à communiquer efficacement depuis les réseaux sociaux...

Ça fait pas un peu trop ?

Car oui, le problème, c'est que vous êtes entrepreneure. Et que vous faites beaucoup de choses par vous-même. Ou alors vous déléguez, mais pas forcément la partie community management (autrement dit, la gestion de vos réseaux sociaux).

Rassurez-vous, chère entrepreneure ambitieuse et futée, j'ai pensé à vous et à vos problématiques (quoi, vous ne possédez pas deux paires de bras ?). Je vous propose de vous plonger dans l'écosystème d'Internet. Autrement dit : recycler les contenus de votre site vers les réseaux sociaux, entretenir et augmenter votre liste d'abonnés, afin de les convertir en clients. Bingo !

Créez votre propre stratégie de communication sur mesure. Soyez unique jusque dans vos choix stratégiques. Inutile de copier la méthode de votre concurrente Josie la Terrible, qui explose tout sur YouTube avec ses tutos DIY couture, si vous détestez la vidéo et le format tuto.

Vous êtes unique ! Il n'y a pas une seule méthode qui convient à coup sûr à tout le monde ! Il y a des valeurs sûres (comme le SEO sur votre site web), mais il existe surtout autant de stratégies marketing que de business.

Regardez un peu. Certaines marques explosent, grâce à des leviers différents :

- les publicités à la télé ;

- une communication 100 % sur TikTok ;
- un service client aux punchlines de folie sur Twitter (coucou Netflix !) ;
- les influenceurs *via* Instagram (exemple : la marque Daniel Wellington, avec plus de 20 000 mentions #).

Il n'y a pas une méthode pour tous. Il existe surtout de multiples leviers, hyperpuissants, pour vous permettre de toucher votre cible, vous éclater et cartonner ! Terminée l'époque de l'encart publicitaire dans *Ouest-France* (ou n'importe quel quotidien papier) pour communiquer autour de votre entreprise.

Non ! Le digital vous offre des opportunités pour communiquer librement et toucher en plein cœur votre cible. Personnellement, je n'ai ouvert un compte Instagram qu'en juillet 2020... Puis, lorsque j'ai testé et que j'ai trouvé les *stories* amusantes, l'ambiance à mon goût, et que j'ai identifié qu'en plus, ma cible potentielle de femme entrepreneure ambitieuse s'y trouvait, je me suis lancée.

Mais ma cible se trouve aussi sur LinkedIn ou Facebook. Pour autant, j'ai choisi de me consacrer à mon site Internet (bien sûr !) et à Instagram en priorité. Pourquoi ? Parce que je m'amuse, parce que j'ai toujours envie de communiquer par ce levier. Parce que je suis moi-même sur ce réseau. Et donc ? Ça matche avec mes abonnées, bien sûr !

Depuis, j'ai aussi créé un podcast Femmes du Web, avant tout car j'aime ce format (et pas parce que c'est « à la mode »). Je développe également ma présence sur Pinterest, car c'est cohérent à la fois avec ma cible et le fait que j'ai beaucoup d'articles de blog à promouvoir.

Voilà, simplement. Je ne me laisse pas influencer par les « tu devrais vraiment développer ton réseau sur LinkedIn, tu loupes des opportunités ». Peut-être, en effet. Mais être alignée et en accord avec mes envies fait de ma communication un succès.

Il existe toutefois une technique pour vous éviter de vous épuiser dans votre communication sur les réseaux sociaux. Si vous ne parvenez pas à choisir ou que, vraiment, vous êtes convaincue que votre cible se trouve absolument partout. Cette technique, c'est… le recyclage de contenus. Rappelez-vous, nous l'avons déjà évoqué en première partie. Recycler vos contenus (partiellement ou entièrement), c'est l'assurance de ne pas vous épuiser. Qui plus est, rien de pire que la sensation de n'avoir rien d'intéressant à partager.

Je vous conseille donc de recycler (eh oui, et c'est bon pour la planète, en plus…) ! Comment procéder ? C'est très simple, commencez par vos articles de blog par exemple, puis :

- créez une une à trois épingles Pinterest avec des visuels adaptés ;
- créez un post Instagram et Facebook sur le sujet ;
- déclinez-le sur LinkedIn si vous y êtes ;
- adaptez-le en format vidéo court pour TikTok, les Reels Instagram ou Facebook, Snapchat ;
- créez sur le sujet un épisode de podcast qui reprend le sujet de l'article, transformez votre podcast en vidéo YouTube ;
- envoyez un e-mail à votre liste de contacts pour inviter à lire votre article, commenter votre podcast, etc.

La boucle est bouclée, non ?

Vous n'êtes absolument pas obligée de décliner sur tous les supports. Du tout… mais prenez l'habitude de recycler vos contenus. De la même manière, prenons l'exemple d'Instagram. Vous pouvez vous permettre de reprendre des idées de posts déjà traitées pour les retravailler, les reformuler, changer les visuels (tout en conservant le fond). Bien sûr, le but n'est pas de lasser vos abonnés en réutilisant tels quels vos contenus.

Il s'agit donc de remixer, transformer, des sujets qui ont plu à votre audience. Par exemple, peut-être avez-vous évoqué dans un post « 5 astuces en or pour s'endormir facilement » (issu d'un article du même nom sur votre section blog, il va de soi). Ce post date de janvier, nous sommes en septembre, vous pourriez créer cette fois un carrousel sur le sujet avec ce titre : « Comment s'endormir en moins de cinq minutes à coup sûr ? » Ou bien le transformer en décembre en Reel de trente secondes avec en titre : « LA méthode de pro pour dormir vite. »

Tout est possible. Réutilisez les sujets de vos contenus, ce sont les préoccupations de votre cible. Vos abonnés s'attendent à trouver du contenu à répétition dans votre domaine de prédilection, c'est exactement pour cela qu'ils vous suivent. Vous comprenez ?

La création de contenu est au cœur de votre activité au féminin, c'est certain ! N'hésitez pas à communiquer, créer du contenu de valeur. La mise en place de votre stratégie SEO vous a donné une multitude de pistes pour intéresser les internautes, pas vrai ?

Maintenant, votre but est de piloter votre stratégie de communication autour de cela. La recette est simple :

- un minimum de stratégie ;
- de la technique rédactionnelle ;
- de la confiance en vous ;
- de l'empathie ;
- du plaisir.

Voilà, vous y êtes ! Vous avez compris comment créer du contenu qui vous ressemble, qui ressemble à votre entreprise, et qui plaît vraiment aux internautes. Ils sont prêts à devenir clients, addicts, et même vos ambassadeurs...

LES ACTIONS DE LA CHEFFE D'ENTREPRISE DE DEMAIN

En tant qu'entrepreneure, vous avez certainement une vision de vous et votre business pour l'avenir, n'est-ce pas ? Peut-être est-elle floue, incertaine ou timorée dans votre ambition affichée. Ou au contraire bien établie, audacieuse et affirmée !

Votre vision, ce que vous voulez pour vous et votre entreprise est au cœur de votre succès business. Une des erreurs que j'ai pu commettre au début de mon activité a été de jouer petit, et sans but précis.

À l'époque, je voulais générer 500 euros par mois, pour « mettre du beurre dans les épinards » avec la rédaction web et le *blogging*. Puis, rapidement, j'ai voulu générer 2000 euros par mois pour quitter le salariat. Puis, j'ai visé les 5000 euros par mois, car cela venait booster mon ego. J'avais aussi l'impression d'être plus crédible ou experte avec ce niveau de revenus.

Mais à ce moment-là, je n'avais pas compris que ma vision était floue. Je ne savais pas vraiment ce que je voulais, au fond. Je n'étais pas connectée à mes désirs (nous y reviendrons dans le chapitre suivant)...

Un des conseils les plus précieux qu'il m'ait été donné de recevoir est celui que je m'apprête à vous transmettre. Posez-vous sérieusement ces questions : la cheffe d'entreprise qui a les résultats (financiers et autres) que vous souhaitez, qui est-elle ? Que ressent-elle ? Comment se comporte-t-elle ? Quels investissements fait-elle ?

En somme, si vous avez la certitude que votre entreprise est vouée à la réussite, au succès, quels comportements adopteriez-vous ? La « vous de demain », celle qui atteint ses objectifs, qui génère 100 000 euros de CA par mois en coaching (si c'est votre but) ou 200 000 euros de vente en e-commerce, qui est-elle ? Que ressent-elle ?

Est-elle confiante, sereine, stable, affirmée, apaisée ? Vous vous imaginez comment ? Rayonnante, inspirante, efficace ? Certainement.

Puis, quelles sont les actions que vous mènerez à partir de ces émotions-là ? Peut-être que vous déléguerez certaines tâches pour vous consacrer à votre cœur de métier, à vos vraies forces. Pour prendre davantage de plaisir, et permettre à votre business de grandir.

Il y a un autre point très important sur lequel je souhaite me pencher avec vous désormais. La notion d'argent et les investissements. Vous le sentez, pas vrai ?

Cette notion est en France un peu « taboue », on ne parle pas clairement d'argent (ou tout du moins pas de gain financier). Il est admis de véhiculer le message de « je ne gagne pas assez, les temps sont difficiles ». Mais beaucoup plus mal vu d'exprimer « je suis satisfaite de ma rémunération, mon entreprise est en pleine croissance ».

Ce n'est pas parce que c'est tabou que nous ne devons pas en parler. **La relation à l'argent est soit un fardeau, soit un cadeau.**

Dans quelle équipe souhaitez-vous être ?

À mes yeux, il ne suffit pas d'un travail de développement personnel et de choix marketing pour permettre de propulser son business vers le succès. Car si vous ne vous penchez pas sérieusement sur votre relation à l'argent, alors vous prenez de gros risques. Vous êtes capable de vous autosaboter sans en avoir conscience, car des mécanismes inconscients sont ancrés en vous.

Certains ouvrages évoquent cette relation à l'argent et l'intelligence liée à l'argent, ils permettent de s'éduquer sur le sujet ou de lever le voile sur certains comportements que nous avons tous. Je pense notamment à *Père riche, père pauvre* de Robert Kiyosaki, *Réfléchissez et devenez riche* de Napoleon Hill, ou *Tu vas t'en mettre plein les poches !* de Jen Sincero, ou bien *Bonjour richesse* de Margaux Klein.

C'est un point de départ intéressant pour identifier vos pensées par rapport à l'argent et rééquilibrer celles-ci. **Votre propre relation à l'argent conditionne votre réussite business**, clairement.

Posez-vous ces questions :
- Qu'est-ce que vous pensez de l'argent ?
- Petite, qu'avez-vous entendu à propos de l'argent ?
- Quelles sont vos pensées à propos des personnes riches ?
- Quel est votre comportement vis-à-vis de l'argent (dépensière, prévoyante...) ?

Vous disposez désormais d'une base de travail vraiment intéressante pour moduler votre relation à l'argent comme la cheffe d'entreprise de demain qui réussit, assurément. La relation à l'argent de la « vous » de demain qui atteint ses objectifs personnels et financiers.

Personnellement, j'ai dû travailler ma propre relation à l'argent (et je continue). Comment ? Grâce aux questions précédentes, mais aussi en acceptant de réaliser des investissements « importants » à mes yeux. Ce fut terriblement inconfortable, effrayant, terrifiant même. Mais aujourd'hui, je peux dire avec certitude que ce sont les meilleurs choix que j'ai pu réaliser de toute ma vie.

Au départ, quand j'ai découvert le *blogging*, j'ai investi 1500 euros dans une formation en ligne. Oui, 1500 euros... Soit un mois de salaire de l'époque, que j'aurai pu garder pour mes loisirs, des vacances, en épargne de sécurité ou autre. J'ai eu la trouille, mon cerveau voulait me raisonner à tout prix (ce n'est pas raisonnable, tu n'as aucune certitude, pourquoi fais-tu cela)... Mais je me suis raccrochée à ma confiance en moi, à ma foi, qui me disait que la Maïté de demain aurait du succès *via* le web. Parce que je savais que je pouvais créer quelque chose par ce biais-là, même si je n'avais pas identifié mon vrai « pourquoi », ce qui m'animait vraiment. Au fond de moi, j'étais déjà ambitieuse (mais ambitieuse cachée).

C'était un pari, ces premiers investissements. Littéralement. Mais je l'ai fait. J'ai réitéré ensuite avec des outils marketing (à 80 euros par mois... Toujours sur une base de salaire de 1500 euros et des charges mensuelles), puis des coachings business avec les meilleures à mes yeux. Je tremblais intérieurement comme une feuille au moment de poser 10000 euros sur la table pour un mois de coaching business.

Quelle folie !

Encore aujourd'hui, lorsque j'investis des 20000, 30000 euros et plus, pour moi ou mon business... Ça sonne l'alerte dans ma tête. C'est normal. Mais je choisis de voir la Maïté de demain, celle qui a atteint ses nouveaux objectifs. Quels choix fait-elle ? Quels investissements peuvent lui permettre d'atteindre ses objectifs ?

Voyez grand. Soignez ce qu'il y a à soigner dans votre relation à l'argent, et vous en sortirez grandie. Combien de femmes entrepreneures avec qui j'ai échangé m'ont confié qu'elles :

- ont envie d'argent autant qu'elles le rejettent (« l'argent, c'est mal », « les riches sont égoïstes, méchants ») ;
- ont peur de l'image qu'elles peuvent renvoyer aux autres si elles ont du succès (elles ont donc peur de l'échec, mais aussi de la réussite) ;

- ont l'impression de « trahir » leur famille si elles cartonnent dans leur activité (si elles ont entendu toute leur enfance que les riches sont les ennemis)...

La relation à l'argent est un travail à part entière qui impacte aussi le succès de votre business... Voilà pourquoi certaines entrepreneures qui génèrent du cash, des bénéfices intéressants, se retrouvent finalement en déficit en fin d'année. Elles dilapident leur argent, car leur relation à celui-ci n'est pas apaisée (un peu comme si, finalement, elles devaient s'en débarrasser à tout prix). C'est inconscient, bien sûr, mais ça existe.

Un autosabotage dans les règles de l'art, n'est-ce pas ?

Puisqu'on parle d'argent, les investissements sont des clés puissantes pour vous permettre de grandir avec votre entreprise. Il est parfois complexe, surtout lorsque vous débutez en microentreprise par exemple, d'accepter de déléguer. Vous pensez que rien n'est aussi bien fait que lorsque vous le faites. Que personne ne pourra comprendre votre business à 100 %... Mais c'est faux. Vous vous concentrez sur vos peurs au lieu des bénéfices futurs.

En déléguant, vous gagnez du temps, et vous permettez à votre business de grandir, vraiment. Quand vous réalisez des investissements dans votre entreprise, vous musclez aussi votre foi envers votre business. Si vous croyez en vous, en votre réussite, en votre capacité d'atteindre vos buts... Alors vous réussirez.

Le succès dans votre business féminin dépend finalement de multiples leviers. La stratégie marketing seule ne fera pas tout, du moins pas pour un succès sur le moyen et long terme (un peu comme le SEO). Vous êtes définitivement les clés de la réussite de votre entreprise. Rien qu'en lisant cet ouvrage, vous démontrez que vous faites partie de ces femmes ambitieuses, audacieuses, qui ont compris cela. Bravo !

Pause inspirante

HAPSATOU SY, DU « WAOUH » ET UNE PINCÉE DE FOLIE

Voici Hapsatou Sy : une femme touche-à-tout, qui assume, qui s'octroie la liberté de faire ce qu'elle veut sans entrer dans une case. Entrepreneure, auteure, productrice et réalisatrice d'émissions, conseillère aux Émirats, et surtout maman et femme libre. Aujourd'hui, elle permet (entre autres) aux femmes de devenir entrepreneures (« lifepreneur ») et de construire leur vie rêvée à travers la marque Hapsatou Sy Beauty.

Hapsatou partage l'envers du décor et sa vision de l'entrepreneuriat, avec authenticité et l'envie en moteur. On y va ?

Je ne suis pas pour entrer dans une case, c'est trop petit et trop réducteur. Aujourd'hui, sur une de mes activités, je propose l'opportunité à des femmes de générer des revenus, participer à un projet, mettre du sens et se sentir à leur place. Pour gagner ou regagner une autonomie financière, créer à travers un projet qui leur permet de composer leur vie. Personnellement, au-delà d'un chiffre d'affaires, c'est la satisfaction que je mets derrière cela. C'est ainsi que je vois l'entrepreneuriat, maintenant.

Concernant la communication, ce qui est important à mes yeux, c'est le storytelling, *sincère et authentique. Raconter une histoire (vraie) qui prend source avec l'entrepreneur et qui fait écho à l'extérieur, qui fédère une communauté.*

Aujourd'hui, pour faire vivre une expérience aux clients, aux consommateurs, ça ne peut pas se faire sans le web. Avec la crise Covid, nous avons vu que l'on devait réussir à faire ressortir l'énergie du présentiel via *le web. Réussir à transmettre, à créer de l'émotion à travers le digital, autant qu'en présentiel.*

Pour moi, le web, c'est un continent où tout est virtuel, mais qui doit être réel. La vitrine sur ton site ou sur tes réseaux, c'est la vitrine de ton magasin, de ta marque. Voilà pourquoi ta vitrine doit changer régulièrement (pour ne pas être ennuyeuse). Elle doit aussi être accueillante, les portes grandes ouvertes. Tu dois saluer sans harceler pour inciter à l'achat. C'est une histoire de bon dosage et d'humain.

Par exemple, quand tu écris une newsletter ou un article de blog, tu ne dois pas le faire sans un sens derrière. Tu dois communiquer quelque chose d'important, de sincère. Le web, c'est de la communication par le son, par le visuel, par le texte, c'est la vraie vie aussi. C'est créer des rendez-vous, aller à la rencontre du client…

L'authenticité, c'est le secret d'un contenu qui convertit, qui plaît, qui donne envie. Le sourire aussi, l'énergie avec laquelle tu crées. Apporte une bonne nouvelle, sois authentique, sois vraie. Ta communication doit être intéressante et non pas pour remplir une obligation, une case dans un planning de publication.

Personnellement, je tiens cette ligne directrice-là et j'ai tenu bon au début quand j'ai choisi d'appeler mes produits « Grand-mère avait raison », par exemple. Je voulais raconter une histoire authentique, où les consommateurs se retrouvent aussi. Et c'est ce qui plaît. C'est l'émotion, le lien et l'effet miroir que tu offres à un consommateur grâce à une communication authentique qui reflète tes valeurs.

Concernant mon état d'esprit, tu m'as demandé, Maïté, comment j'ai fait pour y croire, au début. La réponse est simple : j'ai accepté que cela puisse fonctionner, ou ne pas marcher. Je me prépare aussi à ce que ça ne fonctionne pas exactement comme je l'avais pensé. Un peu comme un business plan au départ... Finalement, ton entreprise ne ressemble pas à 100 % à ce que tu avais imaginé...

Pourquoi ? Parce que l'entreprise (comme toi) évolue, change, mue, s'ajuste. Il y a plein de paramètres que tu ne maîtrises pas, et en tant qu'entrepreneure, tu t'adaptes. J'ai pris le parti de me dire « je crée une entreprise, il y aura des hauts, des bas, des succès et des échecs. Je choisis de prendre le package, être responsable de mes réussites et de mes échecs, apprendre de cela ».

Pour moi, le mindset *c'est comme la musculation, ça s'entretient. À force de mettre en pratique, tout devient instinctif et évident. Chaque jour, je regarde ce que j'ai réalisé, et ce que je n'ai pas accompli, je regarde si je le re-projette ou si je le mets de côté. Mon tip, c'est de te dire que quand tu lances quelque chose, tu y crois. Tu y crois, en ayant conscience que ça peut-être soit le haut, soit le bas. Et à partir de là, tu te mets en tête de vivre pleinement ton expérience. C'est ce qui te permet de ne pas mettre de frein et vivre ce que tu as à vivre à 300 %, en effet « waouh » !*

Pour moi, le « waouh » est important dans tout : dans ton expérience, quand tu parles à ton client... Il faut que tu sois émerveillée et heureuse de ce que tu transmets. Pour toi, pour le client aussi.

Enfin, dans ton entreprise, tes projets, mets de la folie, de l'envie de faire différemment, du travail, de l'authenticité... C'est la recette que je te suggère pour ton business, que je mets déjà dans le mien !

Pour retrouver l'interview en intégralité au format podcast, rendez-vous ici : https://podcast.ausha.co/pauses-inspirantes/hapsatou

Exercice pratique

CRÉER SA STRATÉGIE DE COM

Retenez deux choses pour créer votre stratégie de communication sur mesure et efficace (en parallèle du SEO et de votre site web, bien sûr) :

> identifiez sur quel réseau social vous prenez du plaisir à partager ;
> identifiez aussi sur quel réseau social se trouve principalement votre cible.

Puis, croisez les informations : Y a-t-il une plateforme, un réseau social, qui combine les deux ? Si oui, commencez par celui-ci.

Posez-vous des questions : Sur quel réseau social prenez-vous du plaisir ? Quel format vous convient le plus ? Que recherchez-vous ?

Soyez honnête envers vous-même pour réaliser les bons choix : Êtes-vous plus à l'aise à l'écrit ? Ou bien en vidéo ? Aimez-vous les mises en scène, le côté décalé ? Ou préférez-vous le didactique, pas à pas, assez classique ? Il n'y a pas de mauvaise réponse, seul votre ressenti compte.

Pour le recyclage de vos contenus, commencez par vos articles de blog par exemple, puis :

- créez une une à trois épingles Pinterest avec des visuels adaptés ;
- créez un post Instagram et Facebook sur le sujet ;
- déclinez-le sur LinkedIn si vous y êtes ;
- adaptez-le en format vidéo court pour TikTok, les Reels Instagram ou Facebook, Snapchat ;
- créez sur le sujet un épisode de podcast qui reprend le sujet de l'article, transformez votre podcast en vidéo YouTube ;
- envoyez un e-mail à votre liste de contacts pour inviter à lire votre article, commenter votre podcast, etc.

Pour obtenir les résultats que vous souhaitez, atteindre vos objectifs à venir, répondez à ces questions :

- La cheffe d'entreprise qui a les résultats (financiers et autres) que vous souhaitez, qui est-elle ?
- Que ressent-elle ?
- Comment se comporte-t-elle ?
- Quels investissements réalise-t-elle ?
- Est-elle confiante, sereine, stable, affirmée, apaisée ?
- Vous vous imaginez comment ? Rayonnante, inspirante, efficace ?

Concernant votre relation à l'argent, répondez à ces questions complémentaires :

- Qu'est-ce que je pense de l'argent ?
- Petite, qu'ai-je entendu à propos de l'argent ?
- Quelles sont mes pensées à propos des personnes riches ?
- Quel est mon comportement vis-à-vis de l'argent (dépensière, prévoyante...) ?

— 3 —

LE POUVOIR DU FOCUS ET DE LA FOI

IDENTIFIER ET FAIRE VIBRER SON POURQUOI

Le « pourquoi ». Savez-vous ce que cela signifie ?

En tant qu'entrepreneure, j'imagine que le concept ne vous est pas inconnu. Le pourquoi, c'est le sens, le but derrière ce que vous faites au quotidien.

Pourquoi...

- ... avez-vous créé votre entreprise ?
- ... avoir choisi ce segment business ?
- ... le faites-vous avec les services que vous proposez ?
- ... au tarif que vous avez fixé ?

Mais au plus profond de vous, pourquoi vous battez-vous ? Que défendez-vous ? Que souhaitez-vous plus que tout ? À quoi sert votre contribution ?

Le pourquoi peut être entendu de différentes manières, mais par pitié, arrêtez de vous cacher derrière du pourquoi à la sauce « Miss France ». Exemple : « Je veux la paix sur Terre » (du coup, vous accompagnez les personnes en proie à des excès de violence à mieux gérer leurs émotions).

Très bien, chaque raison est propre à chacun et chaque pourquoi est noble. Mais pourquoi voulez-vous cette paix sur Terre. Qu'est-ce qui se cache derrière, pour vous ? Qu'est-ce que cela vient vous apporter à vous, cette paix sur Terre ?

Votre pourquoi, s'il reste en surface, ne sera jamais un moteur assez important pour vous permettre de traverser les zones de turbulences, les moments de doutes dans votre activité. **Votre pourquoi profond vous fait vibrer**, littéralement.

Le mien me donne les larmes aux yeux. Jamais je n'aurais pensé dire ça un jour… Je me serais même cachée et n'aurais jamais affirmé ça noir sur blanc dans un livre écrit par mes soins.

Un pourquoi intense, connecté à votre âme, à qui vous êtes, c'est la raison d'être de vos actions. C'est ce qui vous permet de ne pas être impactée par les critiques, les doutes de votre entourage ou des inconnus. Mieux vous saurez pourquoi votre entreprise existe, et quel sens vous mettez derrière, plus vous aurez de succès.

Aïe ! Il se peut qu'à ce stade, vous ne trouviez aucun pourquoi qui vibre en rapport avec votre business. Cela peut se produire pour différentes raisons : vous n'avez pas choisi votre business (par exemple, c'est une entreprise familiale qui ne vous connecte pas particulièrement à un pourquoi vibrant pour vous). Ou bien parce que vous avez créé une entreprise car vous avez détecté un besoin (exemple : société de ménage pour les bureaux), et que vous avez identifié que c'était stratégiquement rentable. Mais vous ne mettez aucun sens derrière la propreté des bureaux que vous nettoyez… Dommage !

Il y a fort à parier qu'après cet exercice du pourquoi, vous repensiez totalement vos envies, vos désirs, du plus petit au plus grand. Et votre manière de communiquer également.

Quand vous vibrez avec votre pourquoi, vos prospects ou clients le sentent. C'est l'évidence pure. C'est ce qui permet ce magnétisme, vous savez, cette énergie incroyable qui attire comme des aimants. Voilà ce qui fait la différence entre deux entrepreneures qui proposent les mêmes services, absolument.

Reprenons notre exemple de l'entreprise spécialisée dans le nettoyage des bureaux professionnels. Imaginez deux entrepreneures à la tête chacune de leur activité (elles sont donc concurrentes).

D'un côté, vous découvrez Vanessa, qui a créé cette entreprise sans « pourquoi » défini. Vanessa est une entrepreneure futée qui a décelé que les entreprises de la zone industrielle de sa ville cherchaient activement une entreprise de nettoyage. Elle a monté son business plan, a lancé son activité, elle a des clients et son entreprise est rentable.

De l'autre côté, vous avez Amandine, qui a un pourquoi clair. Elle sait qu'en intervenant dans ces bureaux, elle permet à une entreprise de développer son activité, en améliorant les conditions de travail des salariés. Amandine adore prendre soin des autres, elle aime rendre agréable une pièce. Elle est convaincue que son travail permet à ses clients d'augmenter leur chiffre d'affaires, et de rendre la vie plus agréable aux salariés.

Son pourquoi, ce n'est pas la paix dans le monde, non. Son pourquoi, c'est contribuer au confort de tous, pour que chacun se sente bien dans son environnement de travail. Depuis toute petite, Amandine a toujours aimé prendre soin des autres. Quand elle a commencé à travailler, elle s'est aperçue de l'importance d'un cadre professionnel agréable, pour que les salariés soient heureux de se rendre au travail.

Elle vibre avec son pourquoi, c'est tellement clair en elle, qu'elle met du sens derrière son activité. Elle n'hésite jamais à en parler en rendez-vous avec des prospects, et de toute façon, les clients le sentent immédiatement. Cela lui confère un magnétisme supplémentaire, quelque chose en plus.

Amandine a fixé des tarifs plus élevés que Vanessa. Mais dans 90 % des cas, c'est l'entreprise d'Amandine qui est choisie pour l'entretien des locaux. Eh oui !

Un tarif ne fait pas tout. Tout le monde ne cherche pas le tarif le moins cher. Un pourquoi fort sert aussi à vous positionner face à la concurrence, et à vous démarquer. C'est utile à la fois pour votre entreprise, pour vous, pour vos clients. Bingo, trio gagnant !

Pour déceler votre pourquoi, le vrai, allez creuser en vous, profondément. Votre pourquoi est un mix entre votre motivation personnelle, vos intérêts propres, mais aussi l'impact que vous souhaitez avoir (sur le monde, pour les autres). Enfin, c'est ce qui vous nourrit profondément, comme une jauge de vitamines personnelles que vous remplissez avec ce pourquoi.

Lorsque votre pourquoi est identifié, clair pour vous, commencez à l'intégrer dans vos communications. Oui, même si c'est personnel, et même si vous avez l'impression que ça n'intéresse personne.

C'est faux. Cela va intéresser les bonnes personnes, vos futurs clients. Cela aide à connecter une marque, une entreprise, et des clients. Comme des sortes de points communs, qui rassurent aussi. Un peu comme lorsque vous arrivez dans une salle remplie d'inconnus. Et que vous vous découvrez un point commun avec votre voisine (vous êtes nées le même jour, ou vous habitez dans le même village, à 800 kilomètres d'ici). Bim ! Vous vous sentez plus proche de cette personne, comme de connivence implicite.

Il est en de même pour votre pourquoi. Osez refléter votre pourquoi, osez communiquer autour. Personnellement, un de mes « pourquoi » est de contribuer au succès féminin, avec grand impact. J'adore lorsque mes clientes décrochent des premières places sur Google, ça me nourrit profondément. Parce que je sais que, derrière, elles prennent leur place en business, qu'elles rayonnent et qu'elles-mêmes impactent.

Dès lors que j'ai commencé à évoquer mon pourquoi, j'ai fédéré autour de moi. Car ce pourquoi-là résonne avec ma cible. Il y a bien plus pour moi qu'une première place de gagnée lorsque mes clientes cartonnent sur le web, et ça se sent. C'est palpable, c'est une évidence, c'est magnétique.

Si vous voulez vous aussi devenir l'évidence sur votre marché, assumez et vibrez avec votre pourquoi. C'est extrêmement puissant, et particulièrement impactant. Pour vous, pour les internautes, pour vos prospects et clients.

À vous de jouer...

SURMONTER LA PEUR DE VENDRE ET SE METTRE EN AVANT

Vous avez compris l'importance du SEO avec cet ouvrage. Vous savez désormais également comment propulser votre business sur Internet et dominer votre marché, c'est exact. Et vous comprenez aussi l'importance de votre *mindset* pour faire la différence dans le succès de votre entreprise.

Oui, mais il y a un « mais » : vous, vous n'aimez pas vendre.

Pire encore, vous détestez vous mettre en avant. Vous êtes ambitieuse, vous avez des objectifs définis, mais... Au fond, vous avez peur de vendre.

Être au téléphone avec un prospect vous angoisse. Vous tremblez comme une feuille lorsqu'il s'agit de défendre votre service face à un autre concurrent. Vous excellez dans votre domaine, mais vous détestez vendre.

Si vous saviez le nombre de femmes qui m'ont expliqué ces sentiments. Il en existe à foison. Mais j'ai plusieurs bonnes nouvelles pour vous : vous pouvez surmonter cela, vendre, et faire un carton avec votre activité grâce au web.

Tout d'abord, pensez aux avantages du SEO : votre site Internet travaille pour vous. Il attire à vous les bonnes personnes, les futurs acheteurs prêts à sortir leur CB pour votre produit ou service. Le rêve, n'est-ce pas ?

Commencez à mettre en place les actions SEO pour votre site, et celui-ci vendra pour vous. Mais ce n'est pas la seule action à intégrer, pour surmonter votre crainte de vendre. Non, pour passer ce cap désagréable, vous devez voir la vente autrement. Un peu comme la relation à l'argent d'ailleurs : c'est votre vision qui facilite ou non vos actions.

Savez-vous ce que je dis toujours à propos de la vente ?

« Je ne vends pas, je solutionne. » Enfin, c'est la phrase que j'ai dite au début pour assumer de vendre, ce temps est désormais révolu.

Changez votre perspective : vendre, c'est apporter une solution. Ni plus, ni moins. Un client a un problème, il cherche une solution. Votre produit ou service est la solution idéale pour lui. Vous vendez, point.

Vendre, ce n'est pas convaincre à tout prix. **Vendre, c'est apporter la bonne solution à la bonne personne, c'est tout.**

Tout part de votre avis à propos de la vente, et de l'énergie dans laquelle vous êtes lorsque vous vendez. Êtes-vous dans une énergie de manque ou d'abondance (d'amour, pour vous, vos services, vos clients) ?

Observez-vous. Que ressentez-vous lorsque vous « vendez » ? Pourquoi vous sentez-vous mal à l'aise avec cette idée ?

Vous croyez en votre produit ou service, n'est-ce pas ? Vous avez confiance en vos capacités « métier » ? Vous savez que votre produit ou service tient ses promesses ?

Si vous avez répondu oui à ces trois questions, alors il n'y a aucune raison d'avoir peur de vendre.

Quel est le pire qui puisse se passer si votre prospect refuse d'acheter chez vous ? Je vous laisse le temps de la réflexion, allez-y, prenez une pause.

Quel est le pire, la tragédie ultime si votre prospect n'achète pas, après votre proposition ?

- La mort ?
- La gêne ?
- La honte ?
- La déception ?

Quelle que soit votre réponse, vous comprenez maintenant que le pire est simplement une émotion. Négative. Que vous n'avez pas envie de vivre.

N'oubliez jamais : vous n'êtes pas votre produit ou service. Quand un prospect dit non, ce n'est pas contre vous. Cela ne vient pas vous amoindrir, vous dévaloriser ou que sais-je. Le client dit simplement non car ce n'est pas la solution à son problème. Ou bien parce qu'il n'a pas compris à quel point c'est la solution à sa problématique.

C'est tout.

Alors respirez... Et concentrez-vous non plus sur vous, mais sur les besoins de votre client. Enlevez la pression et l'enjeu que vous mettez derrière une vente. Car votre client le sent aussi.

Vous êtes capable de vendre. Vous êtes extraordinaire. Vous êtes une femme entrepreneure incroyable... D'ailleurs, plutôt que de penser « pourquoi pourrait-on refuser mon offre », essayez ceci. Listez toutes les bonnes raisons pour lesquelles « bien sûr, le client va adorer mon offre et l'acheter ».

Vous avez le pouvoir sur vos pensées. C'est d'une puissance inégalée. Pour cartonner sur le web, dominer votre marché, vous devez aussi être à l'aise avec l'idée de vendre. Sinon, les contenus que vous allez créer seront intéressants, mais pas vendeurs.

Rassurez-moi, pour que votre activité atteigne le succès, vous avez conscience que vous devez générer du chiffre d'affaires, pas vrai ?

Cessez de diaboliser la vente... Vendre, c'est proposer une solution. C'est aider. C'est permettre à votre client d'être satisfait.

Autorisez-vous à vendre, à attirer vos prospects, à être magnétique *via* vos contenus. Permettez-vous, donnez-vous l'autorisation de réussir. Cela passe par la vente, oui, mais aussi par vous autoriser à mettre en avant votre business.

De tout temps, les femmes ont été sommées de rester discrètes, douces, invisibles parfois. Nous portons encore cela en nous aujourd'hui, quelque part dans nos cellules. Si vous voulez changer la donne, commencez par accepter de vous mettre en avant. Vous ou votre business.

Peut-être avez-vous tendance à vous comparer (eh oui, encore). Lorsque vous regardez ce que propose votre concurrence sur son site web ou ses réseaux, vous vous sentez toute petite. Vous êtes intimidée par une entrepreneure qui génère plus de CA, qui a plus d'abonnés, plus de produits ou d'ancienneté business.

Vous avez le droit de prendre votre place. Vous avez le droit de dominer votre marché, d'être visible, que votre voix soit entendue. Autorisez-vous cette place, ces actions de communication. Brillez ! Assumez !

Personne ne le fera pour vous. Que votre business soit une activité complémentaire qui vous rapporte 100 euros par mois. Ou bien que votre entreprise génère des millions d'euros. Peu importe. Autorisez-vous cela, envoyez-vous de l'amour et de la compassion pour ces parts de vous qui craignent ce chamboulement. Vous pouvez le faire, croyez en vous comme je crois en vous. Le plus beau est à venir.

GARDER LE CAP, LÂCHER PRISE ET PATIENTER

Vous savez ce qui est le plus difficile en SEO ? Ce n'est ni la technique, ni la méthode (vous l'avez dans mes programmes et cet ouvrage), ni les changements d'algorithme, ni la concurrence.

Non, ce qui est le plus complexe, c'est le temps. La patience nécessaire avant d'observer des résultats tangibles, particulièrement sur des mots-clés très disputés. Le SEO est la plus grande école de patience qui soit, avec l'entrepreneuriat.

Le parallèle de la patience est particulièrement juste avec le SEO, mais c'est aussi une clé importante de votre *mindset*. C'est à la fois savoir que certaines actions demandent du temps d'exécution et de résultats, alors que d'autres peuvent donner des résultats immédiats. Il y a une incompréhension avec la notion de patience, car bien souvent nous associons patience et fatalité. Comme si la patience était une forme de résignation, un frein.

Alors que pas du tout. La patience, c'est actionner au bon moment, au bon endroit. Et garder foi en ce que vous faites. Savez-vous pourquoi la majorité des entrepreneures qui arrêtent leur activité la cessent ?

Par impatience. Par manque de persévérance. Il est bien connu qu'en communication, un message est censé passer en moyenne sept fois devant les yeux de votre cible avant que celui-ci n'achète. Qu'est-ce que cela signifie ?

Simplement que la répétition est rassurante pour l'acheteur. Que s'il n'a jamais entendu parler de vous, il peut faire partie de la majorité des clients qui ont besoin d'entendre un message avant de passer à l'action.

Votre rôle, en tant qu'entrepreneure audacieuse, c'est de prendre patience sur les bonnes actions. Patience, corrélée avec les bons leviers.

En SEO, je sais à quel point il est frustrant de créer du contenu, de le publier, et que rien ne se passe. Le vide total, le néant. Ce qui fait la différence sur le sujet, c'est lorsque vous parvenez à lâcher prise.

Lâcher prise ne signifie pas renoncer, ni abandonner. Cela veut simplement dire que **vous avez confiance et foi en vos actions**. Et que vous laissez le temps œuvrer. J'ai remarqué une chose dans mes comportements ou ceux de mes clientes : lorsque nous peinons à lâcher prise, c'est parce que nous voulons surcontrôler. Tout maîtriser...

Sauf que le business ne fonctionne pas ainsi. Il y a des impondérables, des déviations sur la route, de jolies surprises et des déconvenues. Vous saurez toujours trouver une solution, vous avez de la ressource en vous. Vous êtes capable. **Alors, acceptez de lâcher prise.** Autorisez-vous à croire assez en vous et en votre entreprise pour qu'elle soit un succès.

Il est facile de vous laisser distraire dans votre business : une méthode testée qui n'apporte pas les résultats escomptés. Une nouvelle technique hyper à la mode qui cartonne. Le doute au fond de vous sur les choix stratégiques que vous avez entrepris. Je le comprends.

Mais gardez le cap ! Cessez de changer sans cesse de stratégie ou d'avis, soyez constante et en confiance dans vos choix. Lorsque vous plantez la graine d'un rosier, est-ce que vous la déterrez chaque jour pour vous assurer qu'elle pousse ? Est-ce que vous remuez tous les jours la terre ? Non. Vous avez semé, vous arrosez de temps en temps, vous placez le pot au bon endroit par rapport à l'ensoleillement et... vous lâchez prise.

Faites la même chose avec vos actions de cheffe d'entreprise. Est-ce que l'entrepreneure à succès que vous voulez être ou continuer à être s'inquiète et s'agite dans tous les sens ? Non... Elle sait prendre patience et surtout, cultiver la foi. Cette foi n'est pas religieuse. Elle est en vous, c'est votre fil conducteur qui vous raccroche à votre but.

Dans la vie vous n'aurez aucune certitude, car tout est mouvant. Tout ce qui concerne l'extérieur, vous ne pouvez pas le contrôler. En revanche, vous pouvez cultiver votre foi en vous-même, en vos projets, en vos capacités. **Vous êtes votre ressource la plus précieuse.** Sachez garder le cap, lâcher prise quand il le faut, et patienter sur certaines actions avant de récolter.

Croire en votre business, en votre succès, cela se travaille et s'entretient. Votre *mindset* se muscle, et au-delà des techniques marketing à appliquer pour votre succès sur le web... votre pouvoir personnel, votre puissance intérieure est votre plus bel outil. Celui qui sera avec vous pour le reste de votre vie. Vous êtes puissante. Vous êtes forte.

Vous êtes une femme incroyable. Capable.

Faites-vous ce cadeau de croire en vous. La société d'aujourd'hui n'attend que ça : que nous, les femmes, nous osions. Nous prenions notre place, à titre personnel ou en business. Soyez fière de vous, vous vous apprêtez à transformer votre monde et celui des femmes au sens plus large.

Merci pour ce que vous faites, et continuez.

Pause inspirante

CLAUDIA ANATELLA, FOI, CONFIANCE EN SOI ET STRATÉGIE

Elle, c'est Claudia Anatella ! Claudia est experte en *mindset, life* & business coach, elle accompagne les entrepreneurs du bien-être à développer leur entreprise, créer un business qui génère plus de temps, plus d'argent et plus de joie. Son activité est exclusivement en ligne et elle est parvenue en moins de trois ans à atteindre le fameux seuil du million d'euros de CA.

Solaire, inspirante, motivante pour un grand nombre de femmes, elle a bâti son succès à travers le *mindset*, mais pas seulement : l'esprit, la spiritualité et le corps font partie de l'équation. Active sur Instagram et à travers son site Internet, Claudia partage avec nous ses meilleures astuces de webmarketing et visibilité... C'est parti !

Le succès sur le web peut venir à partir de différents leviers, il n'y a pas de solution unique. Personnellement, la réussite de mon business a été quasiment exclusivement via *Instagram. Au début, j'ai créé pas mal de contenus en m'éparpillant : site Internet, réseaux sociaux, podcast, vidéos YouTube...*

Au bout d'un moment, j'ai choisi stratégiquement de concentrer mon énergie sur une seule plateforme : Instagram, et c'est là que cela a fait exploser ma visibilité. Je précise que j'ai choisi, j'ai décidé, j'ai repris le pouvoir pour me concentrer sur un seul axe. Encore une fois, nos pensées font la différence ! Ce n'est pas parce qu'il y a une plateforme meilleure que les autres, mais simplement car j'ai choisi ce qui était le mieux pour moi, qui m'amusait le plus : Instagram !

Pour moi, ce qui fait le succès d'un site Internet, c'est la qualité du contenu. C'est-à-dire que si le contenu n'est pas pertinent, les personnes ne te trouveront jamais... Et ne seront pas relayées. Aujourd'hui, je vois le potentiel du SEO, car si on regarde bien, toutes les questions que se posent mes clientes, je peux y répondre par un article de blog. Et donc, attirer sur mon site les bonnes clientes.

D'un point de vue rédactionnel, ce qui fait toute la différence pour qu'un post ou un article fonctionne, c'est l'énergie que tu mets derrière. Je m'explique : c'est évident que tu apportes de la valeur à travers tes contenus... C'est la base, c'est ce qui fait de la crédibilité et qui permet de connecter avec ton public. Mais ensuite, cette connexion-là est amenée par ton énergie, ta capacité à te rendre authentique et plus vulnérable, à partager des parties de toi avec tes internautes.

Il est crucial d'apporter ta touche, ton style, ton authenticité pour la personne qui te suit, qui te lit, qui consomme tes contenus. C'est ce qui fait vraiment la différence, avec ton énergie.

Tu m'as demandé, Maïté, de revenir dans la peau de la Claudia d'il y a trois ans... Pour y croire, pour m'assurer que j'allais réussir, tout part des croyances. Personnellement, j'étais solide dans mes croyances qui concernaient ma capacité à réussir avec le web (car j'avais un diplôme en marketing et stratégie commerciale). Ma croyance, c'était que je possédais cette force. C'est cette croyance, et non le diplôme qui m'a guidée, et m'a donné la foi.

J'ai donc réussi en six mois à créer un business qui fonctionnait. Mais tout partait de mes croyances, de cette foi : j'étais faite pour ça, c'était inévitable que je réussisse, même si je ne savais pas quand. J'ai donc continué jusqu'à ce que ça fonctionne. Attention par contre, ça ne veut pas dire que je ne ressentais pas d'insécurité, que je ne doutais pas... Du tout !

J'avais un bon mindset, *j'ai transformé mes croyances et cultivé les nouvelles sur la base de « pourquoi est-ce que c'est possible que ça fonctionne ». D'ailleurs, Maïté, tu m'as demandé un* tip *pour muscler son* mindset, *voici le mien...*

Nos pensées créent notre réalité. Nos pensées dirigent nos émotions, nos émotions dirigent nos actions, et celles-ci créent nos résultats. Donc, nos pensées créent nos résultats, pas vrai ? C'est pour ça que si tu crois toujours tes pensées (exemple : « aaah, je n'y arriverai pas », « aaah, je suis nulle... »), rappelle-toi qu'il s'agit juste de pensées, de croyances. Et si tu changeais d'angle ?

À la place, demande-toi, quelle autre chose pourrait être vraie ? Quelle autre pensée te serait plus favorable ? Questionne-toi, car ton cerveau primitif est là pour te protéger, et il n'aime pas le changement, il te raconte des choses qui ne sont pas forcément vraies. Tu dois faire la différence entre une circonstance et une pensée. Puis, à partir de là... Tu choisis une meilleure pensée, une meilleure émotion, qui peut m'apporter un résultat différent.

Un exemple ? À propos de la vente. Si tu te dis « ça va être génial, incroyable, ils vont venir acheter chez moi »... Ce sera plus favorable que « personne ne veut acheter chez moi, je ne suis pas intéressante, ça ne fonctionne pas ». N'est-ce pas ?

Tu sais ce qui change au fur et à mesure que ton business grandit ? Les choses se simplifient. On croit que plus on avance, plus c'est dur et complexe, mais non. En réalité, plus tu progresses, plus tu peux choisir les bonnes actions et les appliquer. Ne plus être partout, et tout faire toi-même, pour te focaliser sur ton point de génie.

Tu veux mes trois ingrédients pour le succès de ton business féminin ? Les voici :

- *la foi (tu es destinée à ça, fais confiance) ;*
- *la confiance en soi (elle se construit avec de meilleures pensées, en pratiquant) ;*
- *les bonnes stratégies (investir dans ton cerveau : connaissance, compétences,* mindset*).*

Garde cela en tête : ce qui crée ton succès, c'est ton cerveau !

Pour retrouver l'intégralité de l'interview au format podcast, c'est ici : https://podcast.ausha.co/pauses-inspirantes/claudia

Exercice pratique

CLARIFIER SON POURQUOI

Il est temps de clarifier votre pourquoi. Pour cela, prenez le temps de répondre à ces questions...

Pourquoi...

- ... avez-vous créé votre entreprise ?
- ... avoir choisi ce segment business ?
- ... le faites-vous avec les services que vous proposez ?
- ... au tarif que vous avez fixé ?

Mais au plus profond de vous, pourquoi vous battez-vous ? Que défendez-vous ? Que souhaitez-vous plus que tout ? À quoi sert votre contribution ?

À propos de la vente, quelles sont vos pensées sur celle-ci ? Avez-vous peur de vendre ? Si oui, qu'est-ce qui vous met mal à l'aise, au juste ? Que ressentez-vous lorsque vous « vendez » ? Pourquoi vous sentez-vous mal à l'aise avec cette idée ?

Changez votre perspective : vendre, c'est apporter une solution. Ni plus, ni moins. Un client a un problème, il cherche une solution.

Maintenant, listez toutes les bonnes raisons pour lesquelles « bien sûr, le client va adorer votre offre et l'acheter ».

LES RÈGLES D'OR

> Vous êtes votre plus beau cadeau, la connaissance de vous-même est un facteur de succès aussi important que de la méthode technique ou marketing.

> Vous êtes l'âme et l'essence de votre société

> Le travail sur la connaissance de soi est le levier le plus puissant pour attirer comme des aimants les clientes.

> Vous portez des masques au quotidien, alternativement, selon les circonstances. Ces masques sont construits à travers votre histoire, votre vécu. Pour vous protéger, vous adoptez des comportements, des attitudes qui ne reflètent pas votre vraie personnalité. Parfois, vous enfilez votre masque de dominante ou de victime. Ou encore, vous portez un masque qui atténue vos émotions, ou la portée de votre message.

> Vous avez construit la pensée, au fil des expériences, que vous montrer telle quelle est un danger. Qu'il est plus judicieux de masquer, camoufler, cacher votre vérité pour ne pas souffrir. Mais c'est faux.

> Les masques vous emprisonnent plus qu'ils ne vous libèrent. Ce sont des chimères, des illusions d'optique qui vous éloignent de votre paix intérieure.

> Lorsque l'on enfile son masque, c'est que l'on souhaite se protéger. Mais de quoi vous protégez-vous, finalement ? Que risquez-vous ?

> L'ambition n'est pas un gros mot à bannir de votre vocabulaire ou à enfouir au fond de vous.

> Pour réussir, vous devez croire en votre business. Et pour croire en votre business, vous devez croire en vous... et en votre ambition.

> Couchez sur le papier vos envies, vos ambitions, vos désirs, et votre pourquoi.

> Le succès repose sur quatre piliers :
- la stratégie d'entreprise et les leviers utilisés (le SEO, la création de contenu, le marketing) ;
- le travail sur soi de l'entrepreneure à la tête du business ;
- la compréhension parfaite des besoins de sa cible ;
- la relation à soi-même, à la réussite, à l'argent aussi.

> Vous êtes assez telle que vous êtes aujourd'hui pour avancer dans tous vos projets. Tout est déjà parfait. Si vous avez en tête votre projet, une envie, une idée que vous voulez vraiment développer, lancez-vous et testez.

> Vous avez le pouvoir sur vous. Vous pouvez dompter vos pensées pour ne conserver que les meilleures, celles qui sont vraiment utiles pour vous permettre d'avancer. Vous êtes votre propre clé de la réussite, mais aussi votre propre frein. Vos pensées ont le pouvoir magique de créer votre réalité.

> Faites des choix ! Évitez de vous épuiser à communiquer sur tous les réseaux sociaux et choisissez celui qui deviendra votre réseau de prédilection. Soyez cohérente avec votre message, votre business, votre cible, votre personnalité.

> Sur l'ensemble des réseaux sociaux, aujourd'hui, la vidéo est le format plébiscité. Il y a des valeurs sûres (comme le SEO sur votre site web), mais il existe surtout autant de stratégies marketing que de business.

> Vous pouvez adopter les comportements et les actions de la version de vous qui a du succès. Vous pouvez vous exercer à vivre les émotions de la femme *successful* que vous voulez être.

> À propos de l'argent : ce n'est pas parce que c'est tabou que nous ne devons pas en parler. La relation à l'argent est soit un fardeau, soit un cadeau. À vous de choisir votre camp. Voyez grand. Soignez ce qu'il y a à soigner dans votre relation à l'argent, et vous en sortirez grandie.

> Quand vous réalisez des investissements dans votre entreprise, vous musclez aussi votre foi envers votre business.

> Le pourquoi, c'est le sens, le but derrière ce que vous faites au quotidien. Plus vous saurez pourquoi votre entreprise existe, et quel sens vous mettez derrière, plus vous aurez de succès. Votre pourquoi est un mixte entre votre motivation personnelle, vos intérêts propres, mais aussi l'impact que vous souhaitez avoir (sur le monde, pour les autres). Enfin, c'est ce qui vous nourrit profondément, comme une jauge de vitamines personnelles que vous remplissez avec ce pourquoi.

> Changez votre perspective : vendre, c'est solutionner. Ni plus, ni moins. Un client a un problème, il cherche une solution. Votre produit ou service est la solution idéale pour lui. Vous vendez. Point.

> Quel est le pire, la tragédie ultime, si votre prospect n'achète pas, après votre proposition ? Une émotion désagréable, c'est tout.

> Autorisez-vous à vendre, à attirer vos prospects, à être magnétique *via* vos contenus.

> La patience, c'est actionner au bon moment, au bon endroit. Et garder foi en ce que vous faites. Autorisez-vous à croire assez en vous et en votre entreprise pour qu'elle soit un véritable succès.

CONCLUSION – Y A PLUS QU'À...

Waouh. Nous y sommes... Vous venez de parcourir cet ouvrage qui, je n'en doute pas, vous ouvre les portes de votre visibilité sur Internet.

Aujourd'hui, il est de votre devoir de vous donner les moyens de prendre votre place sur le web. De rayonner, de briller, d'être cette entrepreneure à succès qui cesse de se cacher. Qui arrête de priver le monde de ce qu'elle a à offrir.

Le référencement naturel (SEO) est un levier extrêmement puissant qui est encore sous-estimé. Son potentiel est incroyable, mais une étiquette de « mal-aimé » lui colle à la peau. Dommage ! Si grâce à cet ouvrage votre vision sur le SEO a changé, que vous parvenez à le trouver intéressant, attractif, sexy... Alors, j'ai tout gagné !

Imaginez ce que vous apportent les actions que vous allez mener sur votre site : plus de trafic, plus de visibilité qualifiée, plus de crédibilité et plus d'opportunités. Créez du contenu optimisé SEO, partagez de la valeur sur votre site, mais aussi sur les réseaux sociaux. Croisez cela avec votre vision, le pourquoi vous avez créé votre business. Savourez ce que vous mettez en place, peu importe que vous en soyez aux balbutiements de votre activité, ou entrepreneure chevronnée.

La méthode reste la même, et vous venez de la découvrir dans *Première sur Google*. Quel cadeau vous venez de vous offrir, c'est beau !

Au-delà de ça, le message important de ce livre est de vous montrer qu'avec une bonne méthode vous pouvez faire la différence sur le web. Vous pouvez créer de l'engouement sur les réseaux sociaux, développer une communauté de fans, et vendre sans efforts sur le web.

Vendre peut être plaisant. Créer du contenu peut être facile. S'exprimer pour communiquer autour de son offre peut être une partie de plaisir. Le tout est de remettre en ordre les bonnes pratiques, mais aussi ses envies.

Et raccrocher vos envies à votre vision est extrêmement puissant. N'oubliez jamais : pourquoi êtes-vous entrepreneure ? Que cache cette décision, au fond ? Vous êtes votre propre clé du succès. Vous êtes capable de tout.

Plus vous avancerez sur la voie de votre business, plus vous rencontrerez de nouveaux défis. Des défis, des déceptions ou désillusions, mais aussi des opportunités et de magnifiques surprises. Ce livre fait partie de la catégorie des opportunités.

Une opportunité de méthode pour faire la différence avec votre site Internet et devenir incontournable. Mais aussi une opportunité d'éveil vers la connaissance parfaite de votre cible, les temps forts d'un marketing réussi.

Enfin, l'éveil vers une connaissance de vous-même encore plus poussée.

Aujourd'hui, votre présence digitale mérite d'être à la hauteur. Vous pouvez faire la différence, il vous suffit de vous lancer, suivre la méthode, appliquer et récolter les fruits de votre travail.

Tout part d'une intention. Quelle intention posez-vous maintenant ? Que voulez-vous pour la croissance de votre entreprise, votre développement personnel, votre place au sens large ?

Vous pouvez changer la donne, vous pouvez propulser votre business féminin sur Internet.

À vous de jouer, je compte sur vous et crois en vous.

Maïté

GLOSSAIRE WEBMARKETING

ARTICLE : un article est obligatoirement sur une section blog sur un site Internet.

BACKLINK : lien provenant d'un site Internet, qui pointe vers votre propre site Internet. Il s'agit d'une sorte de « recommandation » aux yeux de Google.

BALISAGE : il s'agit du code de hiérarchisation d'un texte sur une page ou un article. Le balisage (H1, H2, etc.) correspond à un titre et des sous-titres. Il permet à l'internaute de comprendre la structure d'un article, les grandes lignes, et à Google d'indexer correctement un contenu.

GOOGLE ANALYTICS : c'est l'outil gratuit Google qui permet de suivre le trafic sur son site, le nombre de visiteurs, les pages visitées, le temps passé sur une page, etc.

GOOGLE SEARCH CONSOLE : toujours un outil gratuit de Google qui permet de comprendre le comportement des internautes sur un site, de savoir quelle requête a tapé un internaute dans la barre de recherche, etc.

GOOGLE MY BUSINESS (GOOGLE BUSINESS PROFILE) : il s'agit de la fiche d'un établissement qui apparaît dans les résultats de Google et dans Google Maps. Sont indiquées les coordonnées d'une entreprise, horaires d'ouverture, avis clients, etc.

FEATURED SNIPPET : il s'agit de la position zéro, la meilleure position organique possible sur Google.

FREEBIE : aussi appelé *leadmagnet*, c'est un bonus offert en échange d'une inscription avec une adresse e-mail sur un site Internet.

MAILLAGE INTERNE : c'est la structure des liens sur un site Internet, les liens en interne sur un site.

META DESCRIPTION : ce sont les deux lignes explicatives qui apparaissent dans la SERP des résultats Google pour chaque contenu proposé.

META TITLE : c'est le titre qui apparaît en gras.

NETLINKING : c'est l'ensemble des liens qui proviennent d'un site et des liens qui pointent vers lui.

PAGE : une page est un contenu texte sur un site Internet. La fonction est la même qu'un article, sauf qu'une page fait davantage partie du socle d'un site qu'un article qui est plus volatil.

SERP : c'est la page des résultats Google.

SEO : *Search Engine Optimization* (référencement naturel). C'est la méthode qui permet à un site Internet de se positionner dans les résultats Google, en organique.

SEA : *Search Engine Advertising*. C'est la publicité sur les moteurs de recherche.

SITEMAP : le sitemap est la cartographie d'un site Internet, qui permet de comprendre la structure de celui-ci.

URL : adresse d'une page, d'un article, d'un site. Il s'agit d'un lien de connexion, par exemple : https://maite-consulting.com

REMERCIEMENTS

Écrire ce livre a été une opportunité incroyable de diffuser mon message et permettre à d'autres femmes entrepreneures d'utiliser les pépites que j'ai moi-même utilisées. Ma gratitude est à son comble, et mes remerciements sincères et chaleureux.

Je remercie du fond du cœur mon entourage proche qui croit en moi et me laisse être pleinement. Nicolas, merci d'être cet homme incroyable, fidèle supporter de mes idées et d'un soutien sans faille. Merci d'être le yang qui soutient le yin, et de laisser l'ambitieuse en moi prendre toute sa place, simplement. Je suis fière d'encourager les femmes à prendre leur place, et fière que notre fils Mathis soit élevé dans cette vision de respect et d'encouragement envers les autres. Merci à tous les deux pour notre quotidien.

Lisenn, au-delà d'être une professeure de français très douée, tu es une sœur et une femme formidable, d'une intelligence et d'une écoute précieuse. Alice, ma petite sœur, sache que je suis certaine que certains paragraphes de ce livre peuvent faire écho en toi.

Papa, c'est grâce à tout ce que j'ai vécu au cours de ma vie que je suis devenue celle que je suis aujourd'hui. Tu restes ma référence masculine, respectueuse des libertés de chacun. L'éducation que j'ai reçue me permet aujourd'hui de créer, d'oser, et d'être heureuse. Maman, tu ne liras pas ces lignes, mais je sais que tu aurais été très fière de voir ce que ta fille crée aujourd'hui.

Jean-Claude, Raymonde, Simon : merci pour votre écoute, les repas du dimanche, les solutions de garde express qui m'ont permis aussi d'avoir du temps pour rédiger ce livre.

Je remercie aussi *my partner in crime* Amandine, j'attends notre prochain rendez-vous business sur une plage de Pornichet. Merci à ma *team* de killeuses du SEO : Chloé, Céline, Marine, Marie, Maargie, Suzie... Merci à mes clientes en or 1re sur Google, c'est aussi à votre contact que j'ai eu l'envie de porter encore plus mon message *via* cet ouvrage. Merci à mes clientes Visibilité Maximale sur Google pour nos échanges, merci à mes abonnées Instagram pour la qualité du lien qui nous unit. Merci aux membres Level Up Académie pour votre confiance.

Merci à Claire pour nos échanges précieux et ton amitié. Merci aussi à Assia, Audrey, Johanna, Élodie, Mélissa... Tant de femmes qui partagent et m'encouragent dans mes projets. Merci aussi à mes coachs ou femmes inspirantes de mon entourage : Claudia, Margaux, Sabina, Laurie, Safia, Caroline, Aline, Marine, Léa. Merci à toutes les personnes qui ont participé de près ou de loin à cet ouvrage. Merci à Caroline, mon agent, et à Élisabeth, mon éditrice, pour votre confiance. Merci à toi qui t'es procuré cet ouvrage.

Le cœur plein de joie : merci à tous et à toutes !

Maïté

TABLE DES MATIÈRES

Alisio s'engage pour une édition plus durable :

Cet ouvrage est composé de matériaux issus de forêts bien gérées certifiées FSC®, de matériaux recyclés et de matériaux issus d'autres sources contrôlées.

Le Forest Stewardship Council® est une organisation internationale non gouvernementale qui encourage une gestion écologiquement adaptée, socialement bénéfique et économiquement viable des forêts de la planète.

Pour en savoir plus, consultez le site www.fsc.org

FSC www.fsc.org MIXTE Papier issu de sources responsables FSC® C022829

Achevé d'imprimer en février 2022
sur les presses de la Nouvelle Imprimerie Laballery
58500 Clamecy
Dépôt légal : mars 2022
N° d'impression : 201249

Imprimé en France

La Nouvelle Imprimerie Laballery est titulaire
de la marque Imprim'Vert®